MAINZER STADTSPAZIERGÄNGE

Finthen, Drais, Lerchenberg, Marienborn

Die Mainzer Stadtspaziergänge von Michael Bermeitinger erschienen zuerst unter dem Titel ‚Stadtspaziergänge' in der Allgemeinen Zeitung Mainz.

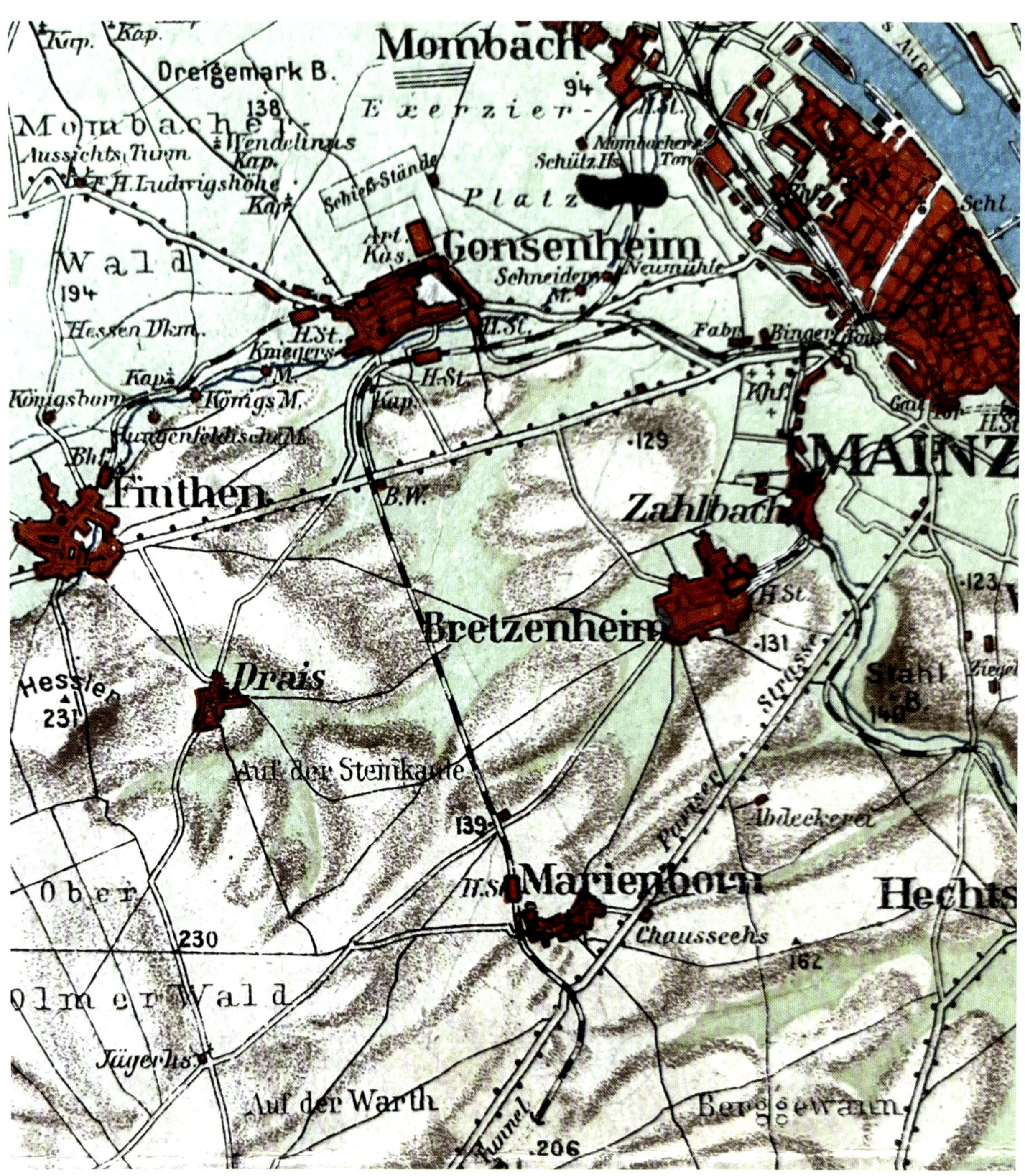

Ausschnitt einer Karte des Kreises Mainz um 1910 mit den in diesem Band behandelten heutigen Stadtteilen Finthen, Drais und Marienborn. Der rund 50 Jahre später gebaute Lerchenberg wäre hier südwestlich Drais zu lokalisieren.

MAINZER STADTSPAZIERGÄNGE

Michael Bermeitinger

Finthen, Drais,
Lerchenberg, Marienborn

BAND 11

EDITION-TZ.DE

Layout: Roland Eggers, EDITION-TZ.DE

Fotos:
Sammlung Michael Bermeitinger: 2, 6, 7 (2), 8, 9 (3), 12, 13 (o.), 17 (4), 20 (o.), 21 (u.), 22 (3), 23 (u., Johann Hinkel), 25 (o.), 26, 27 (o.l., o.r., u.), 28 (u.), 29 (3), 30, 31 (2), 32 (u.), 34 (u.), 37 (Wiesler), 38, 39 (u.), 40 (o., Hoyer), 42, 43 (o.), 44 (3, u.l. Johann Hinkel), 52 (2), 54 (2), 55 (3, u. Heeisterkamp), 56 (Lumb), 57 (2, o. Johann Hinkel), 58, 59 (o.), 61 (o.), 62, 63 (o.), 66, 67 (3), 68, 69 (u.), 75 (3), 77 (o.), 79 (o.l., Mitte), 80, 81 (2), 82, 83 (2), 84. (2), 85, 88 (3), 90, 91 (2), 92 (Stein), 94 (o.), 95 (o.), 98, 104, 105 (o.), 106 (2), 107 (2), 110, 111 (o.), 112, 115, 116 (Metz), 117, 119 (u.), 120 (o.), 123 (2), 124 (u.), 125 (2), 126, 127 (o.), 128, 129 (2), 130 (2), 131, 132, 133, 134, 135 (o.), 136, 137 (2), 138 (2), 140, 141, 142 (4), 143 (o.), 144 (o.), 147 (o.), 150 (u.) Heimat- und Geschichtsverein Finthen: 13 (u.), 14 (2), 15 (2), 16, 18, 19, 20 (u.), 21 (o.), 23 (o.), 24, 25 (u.), 27 (M.), 28 (o.), 33 (2), 24 (o.), 36, 39 (o.), 43 (u.), 50, 51 (2), 53 (2), 63 (u.), 69 (o.), 70, 71 (2), 72, 73 (2), Sammlung Norbert Bingenheimer: 45 (2), 47 (4), Bilder aus dem alten Drais: 86, 87 (u.), 94 (u.), 99 (u.), Firmenarchiv Hochhaus: 40 (u.), 41 (3), Sammlung Heinz Leiwig +: 32 (o.), 64 (2), 65 (2), 129 (Dr. Mossel), MAIRDUMONT©FALK Verlag: 95, Sammlung Dr. Rainer Metzendorf: 87 (o.), 93, 100, Claudius Moseler: 122, Sammlung Harald Neise: 10, Ortsverwaltung Marienborn: 135 (u.), 143 (u.), 145 (o.), Familie Peter: 145 (4), Bildagentur Alfons Rath: 146 Sammlung Klaus Schulz: 105 (u.), Familie Spettel: 89, Stadtarchiv Mainz: 11, 59 (u.l., u.r.), 70 (u.), 77, 78 (Klaus Benz), 79 (o.l., Klaus Benz), 99 (o.), 113, Sammlung Norbert Schüler: 103 (o.), Familie Stein: 48, 49 (2), Straßenbahnfreunde Mainz: 97, 144 (u.), VRM-Archiv: 35 (u.), 60, 61 (u.), 74, 76 (2), 101 (2), 102, 109 (2), 111, 114, 115 (o.), 118 (2), 119 (o.), 121 (2), 124 (o.), 127 (u.), 146 (o.), 147 (u.), 148 (2), 149, 150 (o., Sascha Kopp), 151, Sammlung Jürgen Waloschek: 96 (3), Zentralarchiv zur Erforschung der Geschichte der Juden in Deutschland: 35 (o.), ZDF: 79 (u., Peter Göbbels), 108 (2, Georg Meyer-Hanno)

Druck:
TZ-Verlag & Print GmbH, Roßdorf

EDITION-TZ.DE
Tel. 0 61 54 / 8 11 25
E-Mail: service@tz-verlag.de
www.edition-tz.de

ISBN 978-3-96031-060-0

Inhalt

Schönes Luftbild aus den 30ern. Unten Am Elmerberg, dann die Poststraße entlang, rechts Markthalle.

241 Finthen 1

Römische Straße, Dampfbahn und Elektrisch

Nachdem wir den zehnten Band mit Gonsenheim beendet hatten, dreht sich zum Auftakt der elften Ausgabe unserer Buchreihe zunächst alles um Finthen. Es geht also endlich bergauf, könnte man sagen, aber selbstredend ist das topographisch gemeint, denn knappe 70 Meter erhebt sich das Bergvolk über die „scheenste Leit" im Gonsbachtal. Und um bei der Topographie zu bleiben: Finthen ist der westlichste Mainzer Stadtteil. Also: Go West!

Erst seit 1969 gehört Finthen zu Mainz, und das zu Beginn nicht grade freiwillig, wobei der Ort schon seit jeher Bedeutung für die Stadt und die Nachbarschaft hat. Der Grund sind die Quellen, vor allem der Königsborn, der einst zumindest zu einem gewissen Teil die römische Wasserleitung fürs Mainzer Doppellegionslager speist. Auch die Nachbarn unterhalb profitieren seit Ewigkeiten vom Bach, in den noch der Kirchborn fließt und der sich bald darauf mit dem Aubach zum Gonsbach vereint. Dessen Wasser verwandelt sich in Gonsenheim in bäuerlichen Wohlstand.

Also kein Wunder, dass der Name des Orts, der 1092 als „Fundene" erstmals erwähnt wird und somit ans Licht der Welt tritt, etwas mit

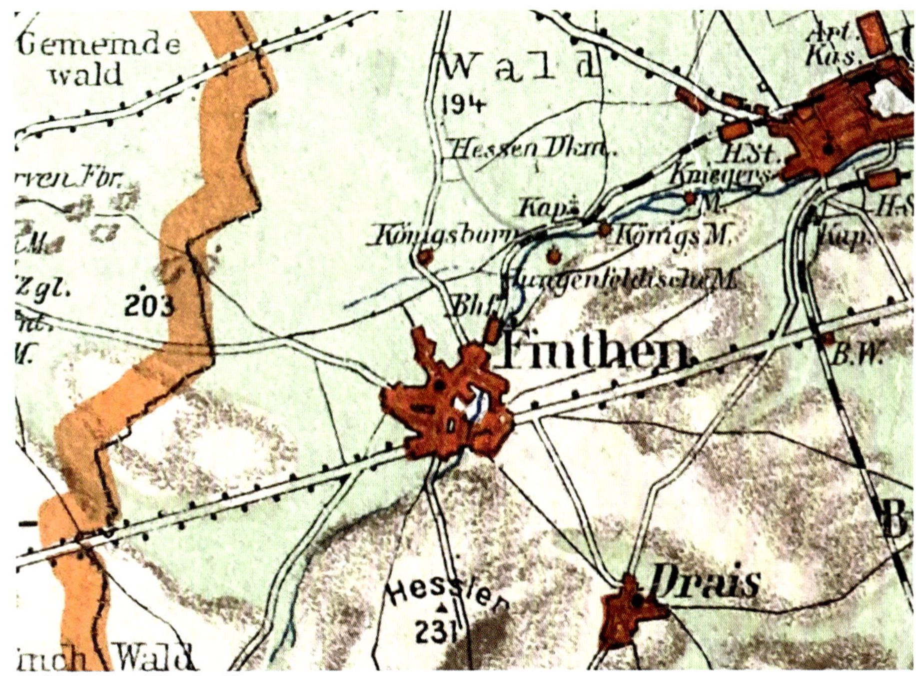

Ausschnitt einer Karte des Kreises Mainz von 1910. Sie lag zusammen mit einem Mainzer Stadtplan in einer kleinen Mappe und wird wohl im Heimatkunde-Unterricht genutzt. Über Poststraße, Prunkgasse, Borngasse und Kirchgasse hinaus hat sich der Ort noch kaum entwickelt.

diesem natürlichen Reichtum zu tun hat. Allerdings leite sich der Name nicht direkt von „ad fontes" her (an den Quellen), korrigiert Dr. Rita Heuser die gängige Interpretation, denn diese berücksichtige nicht die historischen Namensbelege. Vielmehr, so schreibt sie in ihrem großartigen Werk von den „Namen der Mainzer Straßen und Örtlichkeiten", liege dem Namen die lateinische Namensform „fontanetum" zugrunde, was so viel wie „Ort mehrerer Quellen, Brunnen, Quellgebiet" heißt.

Der Name entwickelt sich über Funtana, Funtinde, Funthene, Fontena, zu Funten. Als 1792 die revolutionären Franzosen einmarschieren, steht auf der Belagerungskarte der Name Findenheim, 1829 auf dem Brühlschen „Plan

Luciano Groci gründete 1897 in der Prunkgasse 43 die „Italienische Weinstube", die laut „Das alte Finthen" (Mainz 1982), später an die Familie Rehm, dann an Peter Nikolaus, den „Finanzrat", überging. Damals gab es am Hang hinter dem Gebäude noch einen Weinberg.

Soeben ist ein Dampfbahnzug an der Endstation angekommen. Die Strecke führt vom Fischtorplatz über Rheinstraße und Große Bleiche über die Binger Straße und die Alicenbrücke die Saarstraße hinauf, dann quer übers Münchfeld nach Gonsenheim und ab dort wie heute die Straßenbahn bis Finthen. Hinten sieht man die Schuppen der Vorortebahn.

der Stadt und Bundesfestung Mainz" schließlich Fintheim. Doch bald danach verschleift sich das Grundwort „-heim" zu „en". Und so schreibt Dr. Eduard Reis 1844 in seinem Buch „Mainz wie es ist, oder neues und vollständiges Panorama von Mainz (Ein Führer für Fremde und Einheimische)" bei der Beschreibung der römischen Wasserleitung von der Ortschaft Finthen.

Der Ort ist natürlich einige Jahrhunderte älter als seine Ersterwähnung, während Funde erste Siedlungsspuren bereits für die Zeit 4500 vor Christus belegen. Bedeutung erlangt die Gemarkung zur Römerzeit durch die erwähnten Quellen und dann durch die Lage an der bedeutenden Straße Mainz-Ingelheim-Bingen im Zuge der Fernverbindung Köln-Rom, die heutige Kurmainzstraße- und Flugplatzstraße.

Der historische Straßenzug ist lange die einzige größere Anbindung des Orts. Aus Gonsenheim führt nur ein schmales Sträßchen nach Finthen, und erst 1922 wird von dort die Finther Landstraße als neue Hauptverbindung gebaut. Ab dem gleichen Jahr verläuft parallel zur neuen Straße die elektrische Straßenbahn, die die Dampfbahn Mainz-Münchfeld-Gonsenheim-Finthen ersetzt.

Diese qualmende sogenannte Vorortebahn hat seit 1892 den Ort belebt, der einst beim Bau der Eisenbahn von Mainz ins Rheinhessische im Gegensatz zu Gonsenheim leer ausgegangen ist. Die Dampfbahn bringt dann endlich die Moderne in den Ort.

Finthen rückt mit dieser Strecke näher an Mainz, und weil am Gonsenheimer Bahnhof ein Umladegleis zur Staatsbahn besteht, kann die kleine Dampfbahn in einem gewissen Umfang auch Güter von weiter her nach Finthen bringen. An Markttagen nutzen die Bauern die Vorortebahn, um Obst, Gemüse oder anderen Waren nach Mainz zu bringen, und umgekehrt finden auch immer mehr Mainzer etwa an schönen Wochenenden den Weg hinaus. Etwa zur Kirchweih, zu Sängerfesten oder anderen Anlässen, was der örtlichen Gastronomie zum Vorteil gereicht. Deshalb wirbt etwa die Königsborn-Brauerei auf ihren Ansichtskarten mit der Nähe zur Vorortebahn.

Doch nach Jahrzehnten ist die Dampfbahn verbraucht und veraltet, Gonsenheimer und Finther haben den ewigen Qualm satt, die muffigen Waggons mit ihren rußenden Kanonenöfen. Kein Wunder also, dass nach ihrer Stilllegung die Ankunft der neuen „Elek-

K	063939	10 Pf.

Mainzer Localbahnen.
Militär-Fahrschein,
gültig zur einmaligen Fahrt auf der Strecke
Fischthor-Finthen.

Dieser Schein ist nur gültig für die Person u. Fahrt, für welche er gelöst wurde. Derselbe ist während der Fahrt aufzubewahren u. den revidirenden Beamten auszuhändigen.

(Siehe Rückseite.) 13. 9. 95.

Fahrschein der Dampfbahn aus den 1890er-Jahren, Militärpersonen fahren günstiger.

Im Zug gestempelte Postkarte mit Bahnpoststempel: Strecke Mainz – Finthen, Zugnummer und Datum.

trisch" in Finthen 1922 sehr gefeiert wird. Sie braucht zwar bei ihrer Fahrt vom Neubrunnenplatz durch die Boppstraße und ab Kaiser-Wilhelm-Ring auf der heutigen Strecke mit 38 Minuten fast zehn Minuten länger, aber das wird mitnichten als Rückschritt wahrgenommen. Denn seit in Mainz ab 1904 die sauberen Triebwagen der „Elektrisch" verkehren, ergießt sich über die rauchende, lärmende Dampfbahn mit ihren engen, schaukelnden Wägelchen nur noch Spott. Zumal die kürzere Fahrzeit manchmal auch nur blanke Theorie ist, wenn den kleinen Maschinchen in den Steigungen die Luft ausgeht.

Am 29. April 1922 bringen dann zwei geschmückte Triebwagen die Ehrengäste nach Finthen, wo sie von Bürgermeister und Gemeinderat empfangen und auf einen Umtrunk in die „Krone" eingeladen werden. Ab dem gleichen Jahr geht es sogar noch weiter auf der Schiene bis Wackernheim, aber nicht elektrisch. Und auch nicht allzu lange.

Mit dieser weiteren Strecke hat es eine besondere Bewandtnis, denn sie ist eigentlich viel älter, aber in kaiserlichen Zeiten als Teil der Festungsbahn nicht öffentlich. Das Netz dieser Festungsbahn verbindet die um Mainz herum liegenden Außenforts. Sie verläuft vom Rhein bei Weisenau hinauf nach Hechtsheim, Ebersheim und auf dem Höhenrücken rund um Mainz bis Wackernheim und zum Rabenkopf. In Wackernheim zweigt die Strecke nach Finthen ab, von wo die Festungszüge über die Gleise von Dampfbahn und Straßenbahn zum Zollhafen fahren, wo sie beladen werden.

Werbung von DWK für Triebwagen, wie sie auf der Strecke nach Wackernheim fahren.

Ein Triebwagen der Deutschen Werke Kiel (DWK), der ob seiner Form „Spitzmaus" genannt wird.

Die Franzosen lassen ab 1919 alle Festungsbahnen abbauen mit Ausnahme der Finther Strecke, weil sie bei Wackernheim einen Feldflugplatz errichten. Die Züge sind auch für den Zivilverkehr zugelassen, als aber 1924 moderne Benzoltriebwagen beschafft werden, beginnt der Ärger. Die Fahrzeuge sind technisch unausgereift, fallen immer wieder aus, 1927 dann komplett. Das ist das Aus für die Bahn nach Wackernheim.

Noch viele Jahrzehnte steht am Beginn der Finther Straßenbahnwendeschleife der ehemalige Lokschuppen. Ihm fällt 1981 eine besondere Aufgabe zu, dient er doch den damals beim Ausbaggern des Hilton-Domflügels gefundenen Römerschiffen bis in die 1990er-Jahre als Aufbewahrungsort.

Die Endstation der Dampfbahn und der Straßenbahn an gleicher Stelle liegen noch lange unterhalb der Bebauungsgrenze, denn Finthen entwickelt sich eher langsam. Liegt der mittelalterliche Ortskern an der Poststraße zwischen der Kirchgasse und der Einmündung in die Kurmainzstraße, wächst der Ort von dort bis zur Prunkgasse, wobei die Gegend entlang des Aubachs bis vor wenigen Jahrzehnten noch nahezu unbebaut bleibt.

1898 beginnt die Bebauung an der heutigen Bierothstraße, Am Obstmarkt sowie an der Neugasse. Bis 1914 kommen noch erste Gebäude an Layenhof-, Uhlerborn- sowie Mühltalstraße hinzu. Und so verläuft die Finther Bebauungsgrenze bis 1910 oberhalb der heutigen Kurmainzstraße, dann bis zur Prunkgasse und weiter zur Poststraße bis an die Dampfbahnstation. Desweiteren gibt es Bebauungsspitzen entlang von Borngasse und Kirchgasse. Während aber das bäuerliche Gonsenheim in dieser Zeit schnell und stark wächst, auch Arbeiter-, dann bürgerlicher und schließlich sogar großbürgerlicher Vorort wird, verläuft der Prozess in Finthen langsam. Man bleibt noch lange Bauerndorf.

Blick von der Kurmainzstraße/Ecke Prunkgasse in die noch komplett unbebaute Aubach-Niederung.

Ansichtskarte aus der Zeit um die Jahrhundertwende. Damals waren solche Lithografien üblich, die Zeit lässt sich aber noch an einem weiteren Merkmal festmachen: Die katholische Kirche ist noch nicht aufgestockt. Bei der abgebildeten Straße handelt es sich um die Bahnhofs-, heutige Poststraße, dort hatte Friseur Johann Veit VIII im Haus Nr. 68 seinen Rasier-Salon.

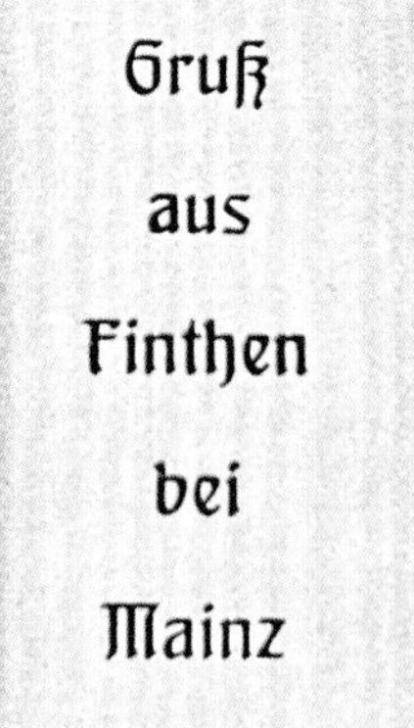

Mehrbildkarte aus den 1930er-Jahren mit Ansichten der Poststraße, von Rathaus, Kirche und Ehrenmal.

242 Finthen 2

Die vielen Namen und Läden der Poststraße

Via Regia, Königsstraße, Bahnhofstraße, Adolf-Hitler-Straße, dann wieder Bahnhofstraße, kurzzeitig Alte Dorfstraße und seit 1972 bis heute Poststraße – so oft wie diese Straße wechselt keine andere in Finthen ihren Namen. Das hat einerseits seinen Grund in ihrem Alter, dann in ihrer Bedeutung und schlussendlich in der Deutschen Bundespost, wie die nunmehrige DHL Group in ihrer seligen Zeit als Bundesbehörde noch heißt. Die Bundespost fordert nach Mitte der 1960er-Jahre, dass in den Kommunen jeder Straßenname nur einmal vorhanden sein darf, was gerade nach der Eingemeindung 1969 auch in Finthen zu einer großen Welle der Umbenennungen führt.
Lange bevor es dazu kommt, erhalten schon in der NS-Zeit vier Finther Straßen neue Namen, wie sie dem Zeitgeist entsprechen. Die Bahnhofstraße wird, wie bereits erwähnt, zur Adolf-Hitler-Straße, die Lambertstraße zur Straße der SA, die Schöfferstraße (heute am Reitplatz) zur Horst-Wessel-Straße und die Mittel-, heute Bierothstraße, zur Herbert-Norkus-Straße nach einem von Kommunisten 1932 getöteten Hitlerjungen. Der ist von 1933 bis 1945 auch Namensgeber des Bruchwegstadions.

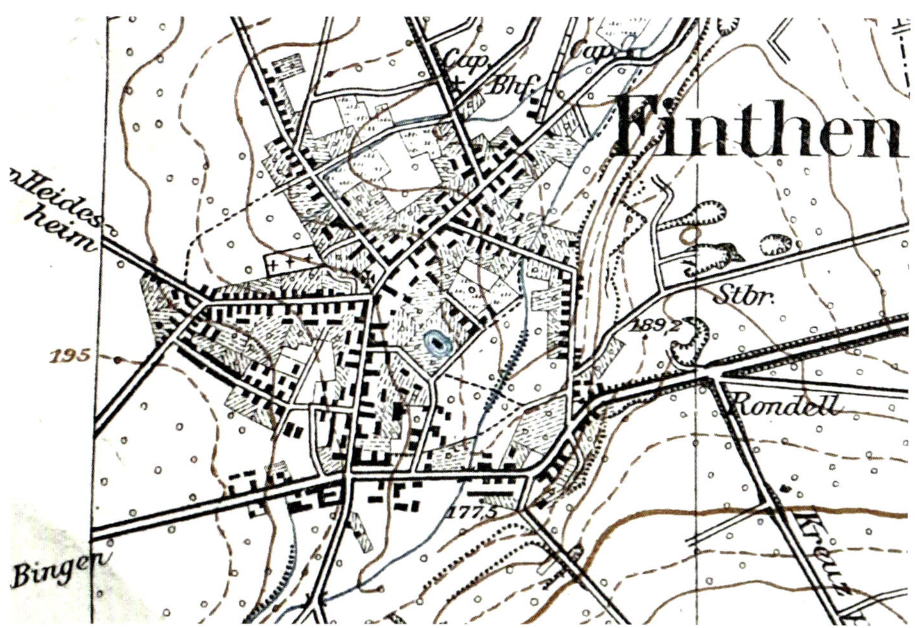

Messtischblatt von 1902, dessen genaues Studium lohnt. Auch ohne Straßennamen sind die Grundzüge des Ortes gut zu erkennen, dazu gibt es interessante Hinweise auf Steinbrüche (rechts der Mitte), dort auch das Rondell an der Abzweigung nach Drais oder auch den Teich im Jungenfeldschen Garten.

Die Umbenennungen werden ab 1933 übrigens örtlich unterschiedlich gehandhabt: vier gab es in Finthen, neun im zugegebenermaßen deutlich größeren Gonsenheim, während das rote Mombach 1945 nicht ein einziges Straßenschild wieder austauschen muss.

Der tiefere Grund für die Umbenennungen Ende der 1960er liegt in den ab 1967 durchgeführten und erst 1978 abgeschlossenen Gebietsreformen der Flächenbundesländer. Diese haben damals zum Ziel, Mindest- und Idealgrößen von Städten und Kreisen zu erreichen, in aller Regel durch Zusammenschlüsse und Eingemeindungen auf Kreis- und Gemeindeebene. Rheinland-Pfalz ist 1969 vorn dabei, was zur Auflösung des Kreises Mainz führt, der größtenteils dem neuen Landkreis Mainz-Bingen zugeschlagen wird, während sechs Gemeinden – Laubenheim, Drais, Hechtsheim, Ebersheim, Marienborn und Finthen - nach Mainz eingemeindet werden. Bis auf Ebersheim unter Protest.

Vielerorts entsteht dabei ein postalisches Problem, so auch in Mainz: Die Eingemeindungen bringen es nämlich mit sich, dass man quasi über Nacht zahlreiche Doppel- und sogar Mehrfachbenennungen von Straßen hat. So gibt es eine Mainzer Straße noch in Gonsenheim und Weisenau und mit der Eingemeindung 1969 noch in Hechtsheim, Laubenheim und Marienborn. In Finthen wird sie zur Kurmainzstraße, doch es gibt noch weitere Umbenennungen: Dazu gehört die Bahnhofstraße, die nach kurzer anderweitiger Benennung zur

Blick die Poststraße hinauf zum Rathaus.

Noch ein Blick in die Poststraße, allerdings in den unteren Teil. Dort sind viele Häuser nicht ganz so stattlich wie im oberen Teil, wo sich die großen Höfe finden. Heute sind viele dieser Häuser abgerissen oder überformt.

Der Konsum-Laden in der Poststraße mit einem Ford 12m, Baujahr 1958/59. Viele Geschäfte säumen einst die wichtigste Finther Straße, doch davon ist kaum etwas geblieben. Im Schaufenster ist schön die Waage zu erkennen und der Händler im weißen Kittel.

Poststraße wird, die Heidesheimer-, nunmehrige Uhlerbornstraße, dann noch Rhein-/Huttenstraße, Budenheimer-/Waldthausenstraße, Bleichstraße/Am Kirchborn, Turnerstraße/Am Obstmarkt und andere mehr.
Der einstige Name der Poststraße, Bahnhofstraße, erklärt sich von selbst. Denn mit der Einweihung der Dampfbahn 1892 möchte der Ort damit nach außen stolz demonstrieren, dass man nun Schienen-Anschluss an die große Welt hat. Zunächst und auch noch lange liegt der Bahnhof unterhalb der Bebauungsgrenze – am Ende des Unterdorfs.
Bis heute unterscheidet man in Ober- und Unterdorf, wobei der Grenzverlauf strittig ist. Manche sagen, er befinde sich vorm alten Rathaus, andere nennen die Borngasse. Auf jeden Fall ist es einst auch eine soziale Grenze. Denn während im Oberdorf die meisten der großen Höfe liegen, leben unterhalb auch viele kleine Leute, Arbeiter, Angestellte. Teilweise ist das noch an einzelnen kleinen Häuschen in der Poststraße zu sehen: einstöckig, giebelständig, mit ausgebautem Satteldach.
Aber die meisten Häuser sind verschwunden, zumindest ihre Gestalt. Viele der alten Häuschen werden über die Jahrzehnte aufgestockt, erweitert, überformt bis zur Unkenntlicheit.

Der „Zigarrenmacher" trägt seinen Spitznamen, weil er die Rauchwaren selbst dreht. So sehen einst die Tante-Emma-Lädchen aus, von denen es in jeder etwas größeren Straße eines gibt. Die Waren stehen in Regalen an der Wand oder in der Tresenvitrine. Selbstbedienung ist noch bis Anfang der 60er ein Fremdwort.

Vieles wird auch abgerissen, durch Neubauten ersetzt. Finthen hat viel alte Substanz verloren und verliert diese auch weiter noch. So wie man in der Bahnhof-/Poststraße nur noch wenig von der einstigen Hauptgeschäftsstraße spürt.
Das erste „Amtliche Einwohner-Adreßbuch für die Landkreise Alzey und Mainz" von 1958, das auch die damalige Landgemeinde Finthen enthält, ist eine wahre Fundgrube, wenn man dem Leben von damals auf der Spur ist. In der damals 4800 Einwohner zählenden Gemeinde findet man im Verlauf der Bahnhofstraße praktisch das gesamte Finther Geschäftsleben:
zwei Bäcker, drei Friseure, sieben Gaststätten, zwei Geschäfte für Haus- und Küchengeräte, zwei sogenannte Kaufhäuser, ein Korbwarenmacher, vier Lebensmittelläden, drei Metzgereien, ein Möbelgeschäft, dazu Haus- und Zahnarzt und seit 1956 die erste Finther Apotheke.
Die von Dr. Franz Falk gegründete Rupertus-Apotheke existiert noch, wird in dritter Generation geführt, ansonsten gibt es von den alten Geschäften vor allem im unteren Teil der Bahnhof-/Poststraße nur noch die Bäckerei Pfaff und den Salon Ilse, vormals Perske. Der kleine Konsum-Markt oder der „Zigarren-Macher", der einst die guten Stücke selbst dreht, sind nur noch Erinnerung.
Ebenso die Wirtschaft von Willi Olah gegenüber der Endstelle, wo auch die Straßenbahn-

Das stattliche Bahnhofsrestaurant gegenüber der Endstelle der Straßenbahn. Errichtet wird es natürlich schon zur Dampfzeit, die ja nur eine kleinere Ausgabe der großen Bahn ist. Und dazu gehört eben auch ein Bahnhofsrestaurant.

Sehr schönes Farbbild von der Endhaltestelle der Straßenbahn aus den 60er-Jahren. In dem früheren Wartehäuschen hat sich ein kleines Lädchen etabliert. Ganz hinten sieht man einen Schuppen mit Pultdach. Dort werden in den 80er die Römerschiffe gelagert.

schaffner mal einen zur Brust nehmen und man nach der Sperrstunde mit Klopfzeichen noch reinkommt. Lang her. So wie das kleine Lädchen, das sich im ehemaligen Wartehäuschen an der Wendeschleife etabliert: Neben Fahrscheinen gibts da alles Mögliche: Zeitungen, Getränke, man kann Bücher ausleihen und Schallplatten kaufen. Kurt Merkator kauft sich da „Satisfaction" von den Rolling Stones.
Wenn auch nicht so zahlreich wie im Oberdorf, so gibt es auch an der Bahnhof-/Poststraße große Höfe, die aber überwiegend nicht mehr gut zu erkennen sind, teils nicht mehr existieren. Die Erhaltung ist schwierig und aufwändig, und so ist auch beim Kimpling-Hof das Wohnhaus zur Straße hin ersetzt worden, dafür hat die Eigentümerin den hinteren Bereich schön instandgesetzt: Den Hof, dessen Pflaster sie komplett per Hand abgetragen und nach Schaffung einer neuen Tragschicht wieder verlegt hat, die über hundertjährige Scheune und weitere Hofgebäude inklusive einer historischen Toilette sowie Details, wie die früheren Pferde-Standplätze. Der alte Familienbesitz kann sich sehen lassen.
Um nochmal auf die Straßenumbenennungen zurückzukommen: Etwas unterhalb des Kimpling-Hofes hat ein Seitenarm der Poststraße noch einen Zweitnamen, der auf einem zusätzlichen Straßenschild prangt –„Kleines Frankreich". Dieser Name erinnert daran, dass hier zu napoleonischer Zeit kleine Häuser für französische Zollbeamte errichtet werden. Um die Erinnerung wachzuhalten, gerade weil die Häuschen nicht mehr da oder zumindest nicht zu erkennen sind, setzt der damalige Ortsvorsteher Kurt Merkator in den 1990ern das Schild durch. Es wird nicht einfach gewesen sein, die städtische Verwaltung vom Anbringen eines solchen Straßenschildes zu überzeugen. Wer Merkator kennt, wird aber wissen, dass er es nicht an Hartnäckigkeit hat missen lassen.

Zur Kirchweih besonders preiswert:

Feinstes Konfektmehl	Pfd. 0.24	bei 5 Pfd. 0.23
„ Auszugsmehl 00	„ 0.22	„ 5 „ 0.21
„ Weizenmehl 0	„ 0.20	„ 5 „ 0.19
„ Blütenmehl	„ 0.18	„ 5 „ 0.17
la Sultaninen (helle)	1/4 Pfd. nur	0.10
la Korinthen	1/4 „ „	0.13
la Rosinen große Frucht	1/4 „ „	0.15
Mandeln	1/4 Pfd. 0.33 und	0.35
Haselnußkerne	1/4 Pfd.	0.20
Feinste Eiernudeln, lose	Pfd.	0.40
„ „ in Pergamenttüten	„	0.45
„ Gemüsenudeln lose	„	0.35
Eier-Bruchmakkaroni	„	0.38
Eier-Bruchstifte lose	„	0.47
Eier Spaghetti in Pergamenttüten	„	0.48
ff. gekochter Schinken	1/4 Pfd.	0.35
ff. Dörrfleisch	1/4 „	0.30
ff. Cervelatwurst	1/4 „	0.35

Neues delikateß Sauerkraut
Pfd. 0.16 2 Pfd. nur 0.30

Rollmops, Bismarkheringe, Bratheringe, Heringe in Gelee lose u. in 1 Liter Dosen; beste Marinaden, billigste Preise

Prima Apfelwein, lose 1 Ltr. 0.36

Prima Weißwein 1 Ltr. 0.75
(Mommenheimer Silberberg)

Anton Bloos
Lebensmittel, Adolf-Hitlerstr. 94

Bringe der werten Einwohnerschaft von Finthen meine Brot- und Feinbäckerei in empfehlende Erinnerung.

Philipp Friedr. Pfaff
Bahnhofstraße 122

„Touristenheim“
Besitzer: Wilh. Fried. Schmitt (am Bahnhof)
empfiehlt
Ia. Zornheimer Qualitätswein
Ia. Mainzer Aktien-Bier
sowie gute Küche
Vereinslokal des Touristenklub Wanderlust
und
Verein für Leibesübungen Fontana Finthen

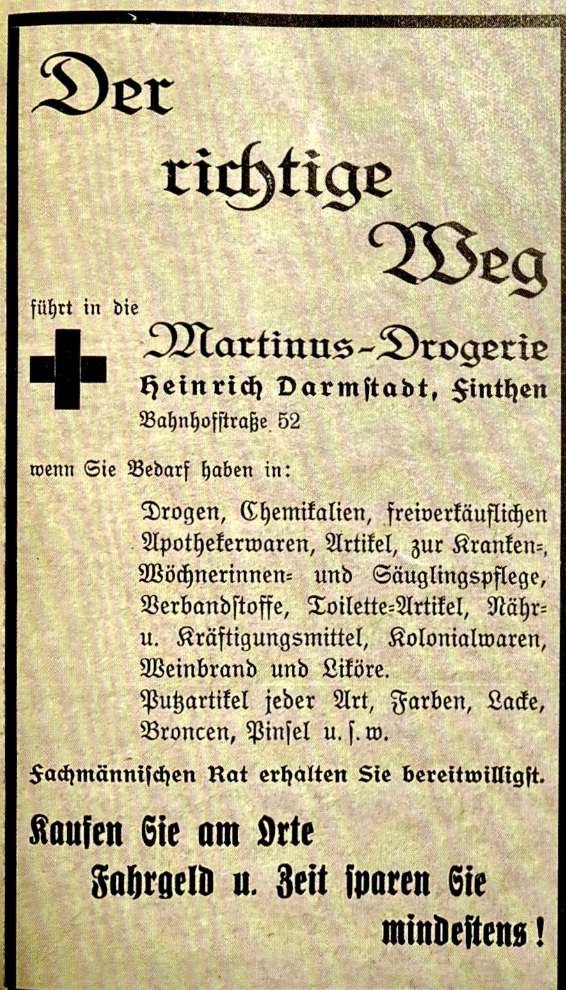

Annoncen der 30er, aber nur eine aus der NS-Zeit, die durch die Adresse Adolf-Hitler-Straße, die umbenannte Bahnhofsstraße, leicht zu identifizieren ist.

Blick vom Kirchturm in den 60ern über die Borngasse hinweg zum Klostergebäude mit dem Treppengiebel.

243 Finthen 3

Der richtige Ort für die Schwestern

Die geschäftige Betriebsamkeit auf der Poststraße, wie sie noch vor ein paar Jahrzehnten herrscht, ist heute passé. Wo einst die Finther zu ihren Läden, ihrem Lieblings-Metzger, -Bäcker oder Stammlokal pilgern, herrscht eine etwas traurige Beschaulichkeit. Den Bäcker Pfaff gibts noch, sonst nicht so viel. Heute ballt es sich in der Straße Am Obstmarkt und Umgebung, wo Supermärkte ein großes Angebot und auch ausreichend Parkplätze vor der Tür bieten. Wer würde heute noch mit Einkaufskorb durch den Ort marschieren, von Laden zu Laden, mit Schwätzchen hier, da und dort? Bergab, bergauf. Das Einkaufsverhalten hat sich geändert und damit mancher Mainzer Stadtteil. Auch Finthen.

Viele umgestaltete und überformte Bauten, auch viele neue Gebäude säumen die Poststraße, aber es lohnt dennoch, eine Runde zu drehen. Denn manch schöne Gebäude, manch interessante Ecke ist zu entdecken. Das bedeutungsvollste Gebäudeensemble der Poststraße befindet sich in der Nr. 71, wenn auch bescheiden in der zweiten Reihe, erkennbar nur, wenn das Tor im unspektakulären Vorderhaus geöffnet ist – das Kloster der Schwestern von

Eine weitere Aufname vom Kirchturm herunter. Unten links die Poststraße, im Hintergrund die unbebaute Aubachniederung.

der göttlichen Vorsehung. Der Orden geht auf Bischof Ketteler zurück, der den Schwestern ihre Aufgaben in Schuldienst und Krankenpflege gibt, etwa am späteren Hildegardis, und hat hier in Finthen seine Keimzelle. Der Ort ist damals sehr bewusst gewählt, weil er als streng katholisch gilt.

Als sich 1848 ein demokratischer Verein bildet, gründet die Kirche eine Art Gegenbewegung und veranstaltet eine große Fahnenweihe. Beda Weber, Theologe und Schriftsteller aus Tirol, schreibt dazu: „... ein ansehnlicher Ort, kleine schmucke Häuschen ... eine der wenigen Inseln katholischen Lebens ..." Die Finther erscheinen ihm als „kräftiges, wohlgenährtes Volk mit anmutigen Zügen, fast durchweg einander ähnelnd wie Brüder und Schwestern ..." Letzteres ist mit Sicherheit nicht so gemeint, wie man es heute auffassen würde, Kern der Aussage ist aber, dass die Finther ein gut-katholisches Völkchen sind.

Also der richtige Ort für die Schwestern, die nach ihrem erstem Quartier in der Kirchstraße ab 1853 in dem 1884 erweiterten Anwesen in der heutigen Poststraße ihren Sitz haben. Wer durch das Tor tritt, dem zeigt sich ein schönes Ensemble aus dem Bruchsteinbau von 1855 mit Treppengiebel und der später errichteten Backsteinkapelle. Das Material fürs Haupthaus stammt aus den Steinbrüchen an der Steig, die Backsteine aus der Ziegelei Schütz auf dem Katzenberg. Im hinteren Bereich, jenseits der kleinen Parkanlage, findet sich die Kindertagesstätte.

Der zweite wichtige Bau findet sich ein Haus weiter aufwärts, die Nr. 69. Es ist das ehemalige Rathaus, das um 1928 vom Hessischen Hochbauamt Mainz aus einer ehemaligen Colonialwarenhandlung umgebaut wird. Interessant das asymmetrisch auf der linken Seite des Mansarddachs befindliche Zwerchhaus, das dem Gebäude fast städtisches Gepräge verleiht.

Gasthaus „Zum goldenen Stern" (l.), das Rathaus mit dem 1854 zugemauerten Erdgeschoss (r.) und die im selben Jahr geweihte Kirche.

Hier findet sich über Jahrzehnte die Bürgermeisterei, die alle Verwaltungsaufgaben der selbständigen Gemeinde wahrnimmt und entsprechend großzügig personell besetzt ist. Mit der Eingemeindung 1969 wird der Bürgermeister zum Ortsvorsteher, während die Bürgermeisterei, die fast alle Aufgaben nach Mainz abgeben muss, nur noch eine kleine Außenstelle der Stadt ist. 1974 zieht die Ortsverwaltung in das neu eingeweihte Bürgerhaus ein, während im Rathaus in der Poststraße der Jugendtreff sein Quartier findet.

Die Borngasse ortseinwärts mit der Gaststätte „Ratskeller" (l.) und im Hintergrund mit dem nach 1900 um ein Geschoss aufgestockten Kirchturm.

Die 1970er-Jahre sind die Zeit der Jugendzentren, die teils, wie auf dem Lerchenberg, unter städtischer Verwaltung mit einem eingesetzten Leiter stehen, teils auch selbstverwaltet sind, wie eben der Jugendtreff in Finthen. Dort geht es bisweilen wüst zu, der Treff ist umstritten und wird auch einmal von Sozialdezernent Karl Delorme geschlossen. Doch mit dem geänderten Freizeitverhalten der Jugendlichen, mit einer höheren Mobilität, mit den besseren Angeboten der Innenstadt wird es merklich ruhiger, aber viele Finther dürften sich noch gut erinnern.

Allerdings zählen nicht nur Jugendliche aus dem Ort zu den Besuchern des Treffs, sondern auch aus den benachbarten Stadtteilen. Daraus entstehen bisweilen Konflikte, die sich in den 70ern noch daran entzünden können, dass ein Wackernheimer, Draiser oder Lerchenberger zu lange und zu intensiv eine hübsche Fintherin anschaut. Und ausgetragen werden diese Streitigkeiten dann gern auf dem kleinen Vorplatz, meist verbal und unter Ausstoßung übler Drohungen, aber nicht nur. Die Unterlegenen suchen dann in aller Regel unter wüstem Geknatter ihrer Mofas, Vierer- oder Fünfer-Mopeds das Weite. In aller Regel sind die Finther Platzhirsche in der Überzahl.

Heute haben in der alten Ortsverwaltung die AWO-Seniorentagesstätte sowie die Finther Freiherrn und Freifrauen sowie der Heimat- und Geschichtsverein ihren Sitz.

Ein Stück weiter aufwärts geht es rechter Hand in die Borngasse. Sie ist laut dem Katasterplan von 1840 neben der Kirchgasse und einem kleinen Stück der Prunkgasse das dritte Seitensträßchen, an dem sich Finthen vom Ortskern her nach außen entwickelt. Und sie ist ein schönes Beispiel dafür, dass auch die Gässchen

einst ihr Eigenleben führen mit Gaststätten, allerhand Lädchen und Dorfleben.
Ein letztes Relikt ist noch zu sehen, das etwas verblasste Schild der Gastwirtschaft „Zur guten Quelle" in der Borngasse 9. Ab den 20ern betrieben von Michael Eduard Geyer, steht im Adressbuch 1958 seine Witwe als Wirtin und auf dem Schild am Haus Frau Loni (Apollonia) Reis. Das ist aber auch schon Jahrzehnte her, zumindest ist von der „Guten Quelle" schon in den 1970ern nichts mehr im Adressbuch zu finden.
Der alte Werbeslogan „Dir und mir ein Binding Bier" ist auf dem Schild noch zu erkennen, ein Frankfurter Ausrutscher sozusagen, wahrscheinlich nach der Übernahme der Mainzer Aktienbier-Brauerei. Und noch früher, bis etwa 1920, dominiert in Finthen die örtliche Brauerei „Königsborn" an der gleichnamigen Quelle, von der fast 2000 Jahre zuvor schon die Römer profitieren. Ab 1869 entsteht das Brauhaus, das sich aber spätestens ab der Eröffnung der Dampfbahn mit naher Haltestelle zu einem großen Ausflugslokal entwickelt mit Tanzsaal, prächtigen Gartenanlagen, Weiher. Doch nach dem Ersten Weltkrieg fallen Märkte weg, wie auch die Bezugsquellen für Hopfen und Malz, weshalb 1920 Schluss ist. Das Lokal wird mit Aktienbier noch bis in die 1950er betrieben.

Im „Ratskeller" in der Borngasse wird das Bier der Finther Königsbornbrauerei ausgeschenkt.

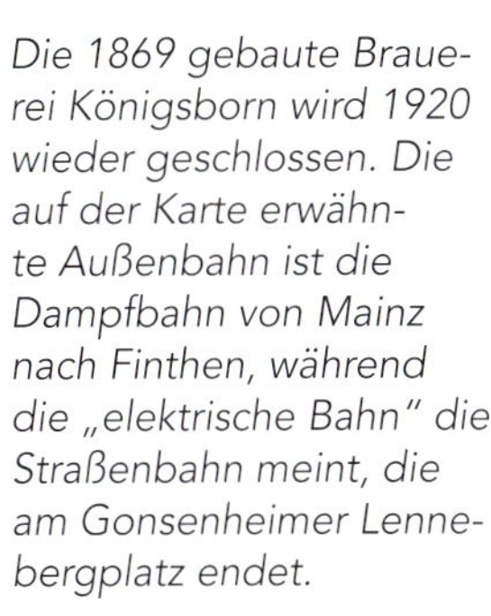

Die 1869 gebaute Brauerei Königsborn wird 1920 wieder geschlossen. Die auf der Karte erwähnte Außenbahn ist die Dampfbahn von Mainz nach Finthen, während die „elektrische Bahn" die Straßenbahn meint, die am Gonsenheimer Lennebergplatz endet.

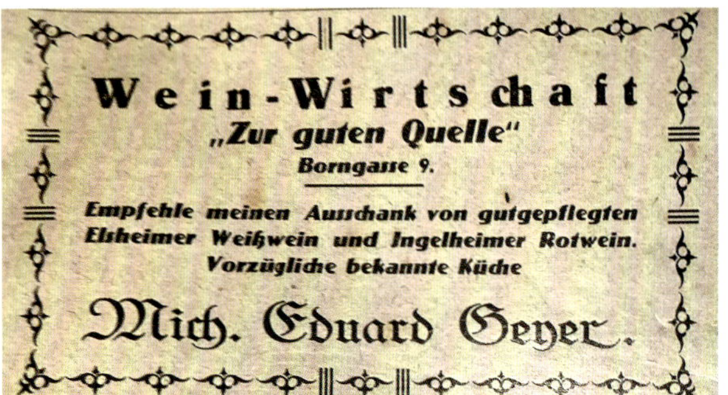
Wein-Wirtschaft
„Zur guten Quelle"
Borngasse 9.
Empfehle meinen Ausschank von gutgepflegten Elsheimer Weißwein und Ingelheimer Rotwein.
Vorzügliche bekannte Küche
Mich. Eduard Geyer.

Damen-Frisier-Salon, Else Maninger
Borngasse 31. Empfiehlt sich im
Frisieren, Ondulieren, Bubikopfschneiden und Kopfwaschen.
Große Auswahl in Toilettenartikel zu billigsten Preisen.

Annonce der Wirtschaft „Zur guten Quelle" in der Borngasse 9 und ihr verwittertes Schild 2023. Die Anzeige stammt vom Ende der 20er wie auch die des Frisier-Salons mit dem zeittypischen Bubikopf.

Zurück in die Borngasse, die ihren Namen von der nach Königsborn und Aubach dritten Finther Quelle erhält – dem Kirchborn. Die Brunnenstube liegt in einer schmalen Reul, ist aber nicht öffentlich zugänglich. Früher fließt der Bach nach offen durch die Gasse, speist mittels eines Laufbrunnens mit mehreren Auslässen die „Weed". Das ist eine Pferdeschwemme, also ein großes Becken, das auch der Feuerwehr als Wasserreservoir dient.
Laut Adressbuch 1958 gibt es in der Borngasse die Bäckerei Rieck in der Nr. 4, die kleine Konservenfabrik Weiser & Co. in der Nr. 15, das Lebensmittellädchen von Lucie Jertz (Nr. 31), die beiden Milchgeschäfte von Philipp (Nr. 17) und Franz Brill (Nr. 38), Letzterer bekannt als „Brillano", der mit Pferd und Wagen die Milch ins Haus bringt. Neben der „Guten Quelle" gibt es noch eine Wirtschaft mit dem klingenden Namen „Zum Ratskeller" und ab den 1960ern das Café Simon in der Nr. 61 von Engelbert Simon (1930-2004), dem Chef der Finther Schoppesänger. An das lange geschlossene Café, seinen Eigentümer und vor allem an legendäre Fastnachtsveranstaltungen erinnern sich noch viele Finther, aber ansonsten sind die Erinnerungen an die alte Borngasse mindestens so verblasst wie das Schild der „Guten Quelle". Doch hält der Heimat- und Geschichtsverein diese Erinnerungen an das alte Finthen mit interessanten Führungen noch wach.

Blick von der Feldwegverlängerung der Borngasse zur damaligen Bebauungsgrenze an der heutigen Kreuzung mit Ketteler- und Huttenstraße. Hier in etwa, vielleicht ein bisschen höher, steht ab den 60ern das Café Simon von Engelbert Simon, Chef der Finther Schoppesänger.

Opel A-Rekord (1963-65) vor dem noch roten und im Erdgeschoss zugemauerten Rathaus.

244 Finthen 4

Zum Jungenfeldschen Garten

Die Finther Poststraße, früher Bahnhofstraße, besteht aus zwei, einst fast gleich langen Teilen. Die Ecke am Alten Rathaus bildet das Scharnier zwischen dem fast rechtwinklig von der Kurmainzstraße her verlaufenden Abschnitt und dem nach unten abknickenden, heute längeren Stück. Genannt wird die verkehrsreiche Kreuzung „Dalles", ein Begriff jiddischen Ursprungs, der im Hessischen für den Platz armer Kleinhändler steht. Dominierend hier ist das alte Rathaus, hinter dem der Turm der katholischen Pfarrkirche St. Martin mit hoch aufschießendem Spitzhelm aufragt.

Das Rathaus ist Blickfang und Mittelpunkt der Denkmalzone im historischen Ortsmittelpunkt, der noch die Kirche und gleich drei frühere Schulhäuser umfasst. Im Kern ist das Rathaus wohl das älteste Finther Gebäude, vom Ende des 15. oder Anfang des 16. Jahrhunderts. Wobei die heutige Gestalt mit Krüppelwalmdach aus dem Barock stammt. Einst Gerichtsort mit Zelle und Pranger, im Obergeschoss mit Rats-

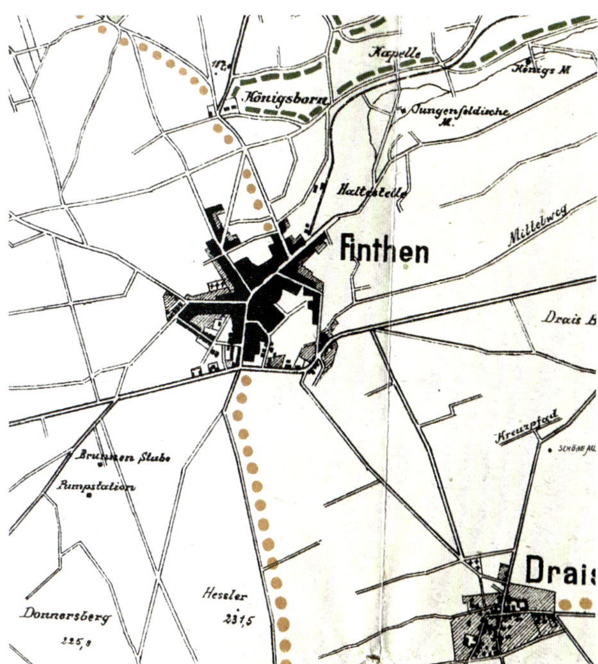

Finthen auf der Wanderkarte des Lennebergvereins um 1910. Hauptachse ist die Bahnhof-, heute Poststraße, doch entwickelt sich der Ort schon entlang von Borngasse, Kirchgasse und Prunkgasse. Die Bebauung endet an der Dampfbahnendstelle.

saal, gibt es später hier auch Armenwohnungen und Platz für die Feuerspritze, wofür aber 1854 die Bogenhalle zugemauert werden muss Die letzten Jahrzehnte ist es rot gestrichen, verwittert mehr und mehr, macht einen heruntergekommenen Eindruck. Es soll gar abgerissen werden, obwohl die Denkmaltopographie Stadt Mainz, Band 2.3, schreibt: „Als zentraler Blickpunkt der Poststraße … und wegen der Ensemblewirkung mit Kirche, alter Schule und Jungendfeldschem Haus gegenüber von herausragender städtebaulicher Bedeutung. Charakteristischer Vertreter eines in der Region verbreiteten Rathaustyps."
Zum Glück haben die Eheleute Eggers das richtige Gespür für das Bauwerk, retten es, lassen gar die zugemauerten Rundbogenarkaden wieder öffnen. Fortan nutzt die Sparkasse Mainz das Haus, aber damit ist Schluss: Die aus der Fusion mit der Sparkasse Worms-Alzey-Ried entstandene Rheinhessen Sparkasse degradiert die Filiale Ende 2023 zur SB-Stelle.
Gerettet wird auch das oberhalb in Richtung Kirche angrenzende mutmaßlich erste Schulhaus Finthens, das sogenannte Russenhaus, in dem im Ersten Weltkrieg russische Kriegsgefangene untergebracht sind. Der Walmdachbau könnte aus der zweiten Hälfte des 18. Jahrhunderts stammen, und in diese Zeit, 1775 genau, fällt auch die Einführung der Schulpflicht für Jungen (bald darauf für Mädchen) und die Nennung des ersten Finther Lehrers. Das Schulhaus in der Kirchgasse 2 ist knapp 50 Jahre später zu klein und so kauft die Gemeinde schräg gegenüber vom Rathaus das einstige Anwesen des Weihbischofs Edmund Geduld von Jungenfeld.

Das einstige Anwesen des Weihbischofs Edmund Geduld von Jungenfeld wird in der ersten Hälfte des 19. Jahrhunderts Schule und 1885 aufgestockt. Gleichzeitig entsteht in rechtem Winkel die neue Schule.

1892 wird unterhalb der Schule in der ehemaligen Parkanlage des Weihbischofs eine Wirtschaft mit Saalbau errichtet, der „Jungenfeldsche Garten".

Während der Park weiterverkauft wird, baut man das Herrenhaus, bis dahin eine Gaststätte mit Tanzsaal, zur Schule mit Lehrerwohnung und zwei Klassenräumen aus. Wobei man sich Klassenzimmer nicht wie heute vorstellen darf, denn im 19. Jahrhundert sind 80 Schüler möglich, in Ausnahmefällen mehr. Weitere 50 Jahre später wird 1885 im rechten Winkel zum Herrenhaus, das zur heutigen Höhe aufgestockt wird, eine neue Schule gebaut: in typischer Gestalt der Kaiserzeit.

Das Gebäude an der Jungenfeldstraße ist erhalten, wenn es auch längst nicht mehr Schule, sondern nach langer Zeit als Post nun Wohnhaus ist. Der gelbe Ziegelbau zeigt eine feine Gestaltung mit Solbankgesimsen und Fenstereinfassungen in Sandstein, roten Backstein-Ornamenten und einem flachen, bedachten Mittelrisalit. Die frühere Knabenschule ist schön anzuschauen. 1896 kommt noch eine Mädchenschule in der Ludwig-, heute Lambertstraße dazu.

Unterhalb des Schulhauses findet sich einst der Große Garten des Jungenfeldschen Anwesens, ein Park mit einem Teich, in dessen Mitte ein turmartiges Teichhaus aufragt. Als die gesamte Anlage in den 1880ern verkauft wird, erwirbt Philipp Veit den Gartenteil und errichtet 1892 unterhalb der Schule eine Wirtschaft mit Saalbau, den „Jungenfeldschen Garten". Rund 80 Jahre ist er das pulsierende Herz des feiernden Finthen, sieht und erlebt Konzerte, Box-Abende, Fastnachtssitzungen, Tanzveranstaltungen, Vereinsfeiern, Familienereignisse, Weihnachtsmärkte und gar Operettenaufführungen. Und was in Mainz einst die Stadthalle und später das Schloss ist, das ist in Finthen der „Jungenfeldsche Garten" – die „Gut Stubb".

Kerbe-Frühschoppen und Kerbe-Tanz im Jungenfeldschen Garten ist alljährlich im September fester Bestandteil des Finther Jahreslaufs, denn bis in die 1970er wird die Kirchweih auf dem Platz neben dem Saalbau gefeiert. Doch nach der Eingemeindung 1969 kommt alsbald das Aus für das Lokal, denn nicht weit entfernt wird im Januar 1974 das Bürgerhaus eröffnet. 4,2 Millionen Mark teuer mit 700 Plätzen ist es zwar großzügig und modern, und dennoch gelingt es ihm so wenig wie der Rheingoldhalle in Mainz, zu ebenso einer „Gut Stubb" zu werden. Dennoch fällt im gleichen Jahr der „Jungenfeldsche Garten" dem Abrissbagger zum Opfer. Und auch die Kerb wird verlegt.

Und noch eine interessante Erinnerung: Hier hält in den 1950er- und 1960er-Jahren allmorgendlich um 6.10 Uhr der Bus, der die Finther Opelaner zu ihrer Schicht ins Werk nach Rüsselheim bringt.

Zurück zum „Dalles", genauer ein Stück weiter – zur Pfarrkirche St. Martin, deren aktuelle Gestalt überwiegend aus der Mitte des 19. Jahrhunderts stammt. Allerdings ist der untere Teil

Der „Jungenfeldsche Garten" bot einen Saal, in dem über Jahrzehnte alle wichtigen Veranstaltungen stattfanden: Fastnacht, Tanz, Feiern aller Art oder auch eine Gewerbeausstellung, bei dem dieses Goggomobil gezeigt wird. Auf dem Schild neben dem Eingang steht nach dem Spitznamen von Besitzer Albert Müller „Janobsheim".

des Turms bis zum Gesims in etwa so alt wie das Rathaus. So viel verrät zumindest das dort liegende Maßwerkfenster, das die Jahreszahl 1519 trägt und hinter dem einst die Glocken läuten.

Eine Kirche wird mit der ersten Nennung des Orts 1092 erwähnt, es folgen über die Jahrhunderte mehrfach Neubauten und Zerstörung, wie es in jenen oft kriegerischen Zeiten fast normal ist.

Die heutige Kirche entsteht aber nicht nach Zerstörung, sondern weil Pfarrer Autsch in der katholischen Festung Finthen ein weithin sichtbares Zeichen setzen will. 1851 wird die Kirche abgerissen, 1854 die neue eingeweiht. Der Turm wird aber erst nach 1905 aufgestockt, zwischen Glockengeschoss mit Maßwerkfenster und Turmhelm das vierte Geschoss mit zwei gotisierenden Fenstern eingefügt.

Die Kirche von 1854 wird nach 1900 um das vierte Geschoss mit zwei gotisierenden Fenstern aufgestockt.

Als nach der Jahrhundertwende der Kirchturm um ein Stockwerk aufgestockt wird, muss zuvor der Helm abgenommen werden.

Pfarrer Autsch ist durchaus eigenwillig, er ist jener bereits erwähnte Kirchenmann, der die Gründung der demokratischen Turnerschaft von der Kanzel aus so nachhaltig bekämpft, dass deren endgültige Gründung erst 1872 erfolgt. Autsch wird als ein Mann von christlicher Zucht und Sitte beschrieben, doch das sind die Finther Kirchenmänner nicht immer. Pfarrer Johannes Rasoris de Flanheim lebt hier Mitte des 16. Jahrhunderts mit einer Frau zusammen, die ihm den gemeinsamen Haushalt führt. Und noch etwas haben sie gemeinsam: Zwillinge.

Die Gaststätte „Kyffhäuser" war in der Kirchgasse, dort, wo sich heute das Feuerwehrhaus befindet. Inhaber Wilhelm Joseph Nikolaus hatte zuvor die Gaststätte „Zum Mühltal" in der Mühltalstraße 1 mit einem Gemischtwarenladen, gab diese aber auf und übernahm den „Kyffhäuser". In den 1950ern kaufte die Gemeinde das Gebäude, die Gaststätte wurde aber noch ein Zeit lang weiter betrieben, bis sie in den 70ern für das Feuerwehrhaus abgerissen wurde. Laut Kurt Merkator spielte in den 60er Jahren dort Heini Stadler Trompete, lange bevor er die Trachtenkapelle gründete.

1936

Günstiges Angebot!

Damenstrümpfe . . . . Paar von 30 Pfg. an
" Waschseide . . . . Paar 0.88
" Flor mit Seide plattiert " 1.35
" Mattseide, 6fache Sohle " 1.60
Schweiß-Socken, B'Wolle 3 Paar " 1.—
" reine Wolle paar " 0.60
Herren Fantasie-Socken 0.50—1.65
Haverlsöckchen, weiß und bunt 0.32—0.95
Wollene Kinderstrümpfe, feste Qualität
alle Größen, schwarz und bunt 0.65—2.25
Damen-Schlupfhosen, seidene u. wollene 0.95—4.95
" Unterröcke " " 2.25—5.50

Schürzen — Wolle — Kurzwaren

Karneval-Artikel

Peter Josef Schmitt 4. Adolf Hitlerstraße 46.
Kolonial- Schreib- und Kurzwaren.

Das Gasthaus „Zum goldenen Stern" wird später zum „Kaufhaus" gleichen Namens. Die Annonce stammt von 1936, als die Bahnhof-, heutige Poststraße den Namen Hitlers trägt. Rechts Edeka-Werbeheftchen von 1953 mit dem Stempel von Kaufhaus-Besitzer Peter Josef Schmitt.

Blick zur Kirche und zur Kirchstraße (li.) mit dem Neubau am Kirchplatz vom Anfang der 1960er.

245 Finthen 5

Finther terrorisieren Finther

Wer mit älteren Finthern durch den Ort spaziert, etwa bei den Rundgängen des Heimat- und Geschichtsvereins, der hört immer wieder „Hier war doch früher ..." oder „... da war mal der ...". Dabei klingt immer so eine gewisse Wehmut durch, vielleicht nicht unbedingt wegen jedem einzelnen Geschäft, jeder Kneipe, sondern eher wegen des verschwundenen Dorflebens, dem verschwundenen Dorf. In der Poststraße ist es evident, und sogar in der Borngasse geht es einst lebhaft zu, in der Kirchgasse erst recht. Lange her.

Die Kirchgasse, früher auch Kirchstraße, ist nach Bahnhof-/Poststraße die zweitälteste im Ort. Hier geht's Richtung Heidesheim hinaus, beziehungsweise über die heutige Layenhofstraße und weiter über den Bellerweg zum Layenhof. Aber die Straße ist eben lange Zeit für das Oberdorf auch ein kleines Versorgungszentrum. Noch 1958 listet das Adressbuch einen Metzger, einen Laden für Milch- und Molkereiprodukte, die Drogerie Darmstadt mit Lebensmittelabteilung, zwei Lokale und noch zwei Bäckereien auf. An der Ecke Ludwigstraße

Die Heidesheimer Straße, heute Uhlerbornstraße, mit niedrigen, einfachen Häusern, wie sie durch den Zuzug von Arbeitern im 19. Jahrhundert gerade an den Erweiterungsstraßen entstehen.

1/Kirchgasse gibt es noch die Spar- und Darlehenskasse. Und 1964 eröffnet im Neubau in der Nr. 12 oberhalb des Kirchenplatzes noch das Textilhaus Gaebler.

Im gesamten, damals noch viel kleineren Mainzer Stadtgebiet (ohne Finthen, Drais, Marienborn, Hechtsheim, Ebersheim, Laubenheim) gibt es 1958 noch sagenhafte 110 Bäckereien, in Finthen insgesamt sieben für gerade 4800 Einwohner. In jenem Jahr findet sich in der Kirchgasse Nr. 30 die Bäckerei von Johann Becker. Vier Generationen führen den Betrieb, doch Ende 2022 schließt Jürgen Wagner die Ladentür für immer, nachdem Zwillingsbruder Reiner seine Bäckerei in Drais einen Monat zuvor ebenfalls aufgegeben hat. Wegen Personalmangels. Die zweite Bäckerei in der Kirchgasse ist die von Johann Knußmann in der Nr. 19, die aber schon 1972 aufgegeben wird. Knapp 40 Jahre zuvor hat Geselle Knußmann sie von seinem Meister Karl Burckhard übernommen, von 1934 bis 1940 Ortsgruppenleiter der NSDAP. Womit wir nun im dunkelsten Kapitel der Finther Geschichte angekommen sind, wenn auch die NSDAP bei der Reichstagswahl am 5. März 1933 mit knapp unter 30 Prozent zahlenmäßig nicht so stark abschneidet wie in Mainz mit 35 oder Gonsenheim mit 42 Prozent. Sie wird in Finthen zwar stärkste Partei, aber nur sehr knapp vor Zentrum, KPD und SPD.

Am 7. März übernehmen die Nazis die Polizeigewalt im Reich, womit der Terror beginnt: auch in Finthen werden Andersdenkende, gläubige

Werbung der Bäckerei Karl Burkard, der sie um 1930 seinem Gesellen Johann Knußmann verkauft. Burkard ist von 1934-1940 Ortsgruppenleiter der NSDAP.

Karl Burkard (r.) als Ortsgruppenleiter (r.) mit Bürgermeister Grabfelder, der gleichzeitig auch der Ortschef von Gonsenheim ist.

Christen, Lehrer und alle, die sich an NS-Aktionen nicht oder nicht ausreichend beteiligen, denunziert, die Juden verfolgt, aus den Vereinen geworfen, aus ihren Berufen gedrängt und auf jede erdenkliche Art drangsaliert.
Professor Benno König erzählt in seinem bemerkenswerten Buch „Finthen – Geschichte und Geschichten" von dem jüdischen Finther Leopold „Leepsche" Marx. Der Enddreißiger leidet an einer Wirbelsäulenverkrümmung, ist Fan der Fontana-Fußballer, wird bei einem Spiel Auf der Steig rausgeworfen und eine Steintreppe hinuntergestoßen. Niemand hilft ihm.
Grausamkeit und menschliche Niedertracht in nicht bekanntem Ausmaß bringt dann die Kristallnacht vom 9./10. November 1938, als Finther Nazis ihre jüdischen Mitbürger, teils langjährige Nachbarn, heimsuchen, aufs schlimmste quälen und aus ihrem Heimatort in die Mainzer Judenhäuser vertreiben.
Professor König wird Augenzeuge der Vorgänge, die er in seinem Buch schildert. Es ist ein erschütternder Bericht über Unmenschlichkeit, über eine niemals aus der Ortschronik zu tilgende Schande. „Mit einer für mich unvorstellbaren Brutalität erlebte ich, was die Nazis

Mehrbildkarte aus den 1930ern mit Poststraße, Markthalle, Kurmainzstraße und wohl der Prunkgasse. Auf drei der Einzelbilder sind Hakenkreuzfahnen zu sehen, teils mehr und auch größer als von den Nazis gefordert wird.

Bei einem Nazi-Umzug durch Finthen marschiert auch die Hitlerjugend des Ortes mit.

den seit jeher in der Finther Dorfgesellschaft integrierten fünf jüdischen Familien antaten. Als Schüler im zehnten Lebensjahr erlebte ich das gesamte entsetzliche Geschehen am 10. November 1938." Seinen Bericht in einer Zusammenfassung zu veröffentlichen, ist für mich Pflicht.

Benno König berichtet, dass es in der Schule an der Straße der SA, heute Lambertstraße, nach der zweiten Stunde für alle frei gibt: „Die Schüler sollten miterleben, wie Finthen den Juden seine Empörung zeigt". Der Neunjährige begegnet auf dem Weg zur Adolf-Hitler-Straße, heute Poststraße, einer Gruppe in Zivil mit Stöcken, Äxten und Beilen, begleitet von einem uniformierten Polizisten. „Ich kannte sie alle."

Die Horde zieht mit antisemitischen Parolen Richtung der heutigen Kurmainz-/Flugplatzstraße. In der Adolf-Hitler-Straße 11 leben Elise (58) und Max (59) Henlein, ein Kleiderhändler, ein Haus weiter in der Nr. 13 der erwähnte Leopold „Leepsche" Marx (39), seine Schwestern Paula Marx (52) und Betty Winterfeld (37) mit deren Sohn Manfred. Er ist ein vormaliger Klassenkamerad von Benno, bis Manfred die Schule verlassen und die jüdische Bezirksschule besuchen muss. Als er die Nazis kommen hört, versteckt er sich im Feld am Elmerberg.

Der Terror ist unvorstellbar, in jeder einzelnen Wohnung: Die Nazis zerschlagen mit ihren Waffen Fenster und Einrichtung, werfen Möbel auf die Straße, Wäsche, Lebensmittel und sonstigen Besitz, den sie dann anzünden, während sie brüllend die Menschen mit schlimmsten Be-

Ehrenwache am Kriegerdenkmal an der Kirche, wahrscheinlich am Volkstrauertag, den die Nazis 1934 in Heldengedenktag umbenennen. Fortan steht nicht mehr das Gedenken an die Toten im Mittelpunkt, sondern Heldenverehrung, die die Menschen reif machen soll für den nächsten Krieg.

Aufzug in der Adolf-Hitler-Straße, vormalige und spätere Bahnhofstraße, heutige Postsstraße. Unklar, was der Anlass ist, auf jeden Fall sind an der Straße viele Hakenkreuzfahnen zu sehen.

leidigungen demütigen. Als Max Henlein, mit Eisernem Kreuz I und II dekorierter Weltkriegssoldat, einen Nachbarn entdeckt, will er mit ihm sprechen, doch der höhnt: „Halt´s Maul, Du dreckiger Jud."

Bei Metzger Grau in der Herbert-Norkus-Straße 9, heutige Bierothstraße, geht es noch schlimmer zu. Da holt ein SA-Mann den einjährigen Enkel Walter (1) aus dem Kinderbett, hält ihn aus Fenster: „Soll ich den Juddebankert enunner schmeiße?" Die verzweifelt schreiende Mutter kann den Buben retten. „Mir fiel auf, dass weder im Hause Grau noch später bei den Kahns die hier wohnenden jüngeren Männer anwesend waren. Später war zu erfahren, dass man sie vorher schon in sogenannte Schutzhaft genommen hat." Sie werden ins KZ Buchenwald gebracht und dort gequält bis zur Freilassung nach Wochen.

Königs Erinnerungen sind belastend: „Aus den Wohnungen drang das angstvolle Weinen und Schreien der Frauen." Und er erzählt, was sich in der Adolf-Hitler-Straße 81 bei Familie Kahn ereignet. Auch dort wird die gesamte Habe zerstört, später geplündert. Als Paula Kahn, „eine elegante Dame in den besten Jahren", aus dem Haus flüchtet, „wankte sie durch ein Spalier von mittlerweile in großer Zahl die Straße flankierenden Nazi-Sympathisanten Richtung Gonsenheim. Sie wurde von der fanatisierten Menge in übelster Weise beschimpft, wobei ‚Judenschlampe' und ‚Judenhure' noch die mildesten Ausdrücke waren."

An der Bäckerei Pfaff hört Benno König, wie Bäckersfrau Maria Pfaff Paula Kahn zuruft, sie solle doch zu ihr flüchten. Doch die Gedemütigte und Verfolgte ruft zurück: „Liebe Frau Pfaff, wenn ich jetzt zu ihnen komme, sieht ihr Haus in einer halben Stunde genauso aus wie das meine." Zwei Frauen, zwei Heldinnen. Die

Parteidienststellen.

NSDAP Ortsgruppenleitung Finthen Adolf-Hitler-Straße 71.
NSV Ortsgruppenamtsleitung Finthen Adolf-Hitler-Straße 71.
DAF Ortswaltung Finthen Adolf-Hitler-Straße 71.

Auszug aus dem Adressbuch von 1936. Die Parteidienststellen, von denen auch der Terror des 9./10. November 1938 ausging, saßen in der Bürgermeisterei: NSDAP, Nationalsozialistische Volkswohlfahrt und Deutsche Arbeitsfront. Bürgermeister war in jener Zeit Johann Jaudt. Die Adolf-Hitler-Straße ist vormalige Bahnhofsstraße, heutige Poststraße.

Kennkarte von Manfred Winterfeld aus der Poststraße, der im März 1942 ins Ghetto von Piaski im sogenannten Generalgouvernement deportiert und dort ermordet wird. Er wird nur 13 Jahre alt.

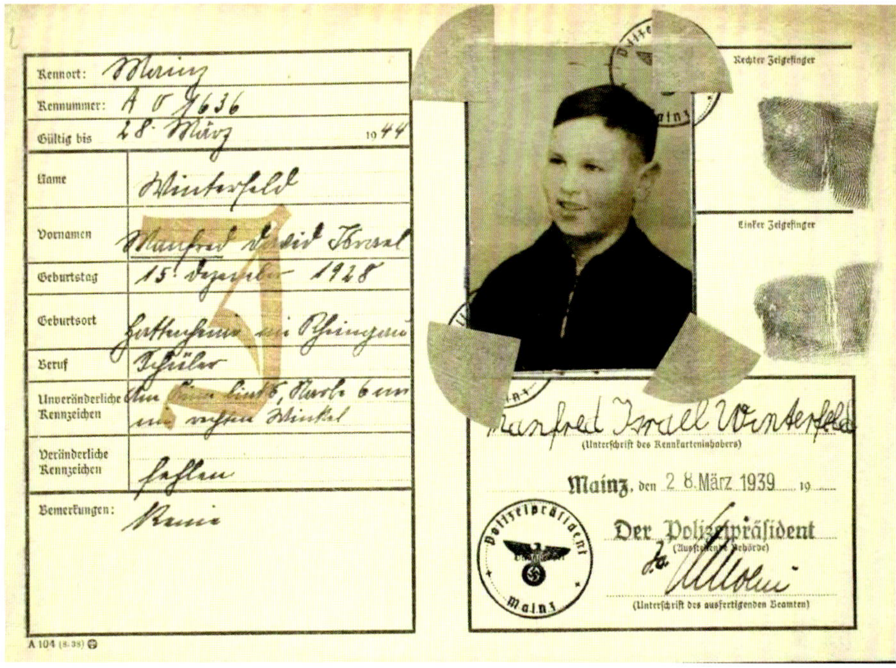

Kennort: Mainz
Kennummer: A V J 636
Gültig bis 28. März 1944
Name: Winterfeld
Vornamen: Manfred David Israel
Geburtstag: 15. Dezember 1928
Geburtsort: [illegible] im Rheingau
Beruf: Schüler
Unveränderliche Kennzeichen: [illegible]
Veränderliche Kennzeichen: fehlen
Bemerkungen: Keine

Rechter Zeigefinger
Linker Zeigefinger

Manfred Israel Winterfeld
(Unterschrift des Kennkarteninhabers)

Mainz, den 28. März 1939

Der Polizeipräsident
(Ausstellende Behörde)

(Unterschrift des ausfertigenden Beamten)

Polizeipräsident Mainz

A 104 (8.38)

In Finthen wird vor dem Haus Poststraße 13 den ermordeten Familien Marx und Winterfeld gedacht. Bei Leopold „Leepsche" Marx (39) fehlt der Todesort, seine Schwester Paula Marx (52) wurde in Auschwitz ermordet, Betty Winterfeld (37) und ihr Sohn Manfred im Ghetto von Piaski.

eine, weil sie trotz des Mob Hilfe anbietet, die andere, weil sie diese selbst in größter Not nicht annimmt, um die hilfsbereite Bäckersfrau zu schützen.

Sie sind die einzigen Helden jenes Tages, wie Benno König erzählt: „Während des gesamten Pogroms war das Angebot von Frau Pfaff die einzige humanitäre Geste. Die Nazis stimmten johlend den Aktionen zu. Die übrige Bevölkerung tolerierte in absoluter Starre schweigend das Geschehen. Es rührte sich keine Hand zur Hilfe, nirgendwo eine Geste des Mitgefühls."

Von den jüdischen Familien können nur die Kahns und die Graus noch fliehen, während die Familien Henlein, Weis und Marx-Winterfeld im Ghetto Piaksi, im KZ Theresienstadt und in Treblinka ermordet werden. Auch der kleine Manfred, Benno Königs Klassenkamerad.

Die südliche Poststraße. Mittig das Türmchen des Feuerwehrgerätehauses, rechts davon die Hochhaus-Mühle.

246 Finthen 6

Vier Anläufe für den Turnverein

In den letzten Dezemberwochen 1848 macht die katholische Reaktion den ersten demokratischen Bestrebungen in Finthen den Garaus. Eben erst haben sich die „demokratischen Turner" gegründet, da wettert Pfarrer Autsch von der Kanzel gegen deren Gottlosigkeit, wird demonstrativ ein großes Kirchenfest pompös gefeiert, womit sich die Turnerei erst mal erledigt hat. Es braucht noch drei Anläufe, bis sich 1872 der Turnverein Finthen endgültig gründet. Die Abneigung gegen das Demokratische hält sich bei manchem aber noch lang. Als in den 1920ern die SPD im „Goldenen Stern", heute Rathaus-Apotheke, ihre Maifeier abhalten will, lehnt das die Wirtin mit dem Hinweis ab, dass sonst das Haus entweiht würde und keinem geistlichen Herrn mehr zumutbar sei.

Die Turner treffen sich gar nicht weit von Kirche und „Goldenem Stern" entfernt im Lokal „Zum Turnerheim", Bahnhofstraße, heute Poststraße 41, dessen erstes Gebäude um 1929 einem Neubau weichen muss. Geturnt wird nicht weit entfernt, die Mittelgasse hinunter, heutige Bierothstraße, dann leicht nach links auf dem 1882

Das Gasthaus „Zum Turnerheim" ist lange Vereinslokal der Turner und der Freiwilligen Feuerwehr, die in der Mittelgasse, heute Bierothstraße, bis 1971 ihr Gerätehaus hat und den Schlüsel dafür im Turnerheim deponiert.

angelegten Turnplatz. Er liegt in der heutigen Zufahrt zum Bürgerhaus, ist 20 Meter breit und erstreckt sich über 200 Meter in Richtung Prunkgasse. Im Frühling ist dort Anturnen, werden Reck, Ringe und Barren aufgebaut, es gibt ein kleines Gerätehaus und später auch eine Sprunggrube.

Viele Sportarten, die wir heute als klassische Hallensportarten kennen, werden noch bis weit nach dem Krieg überall in Mainz draußen ausgeübt. Turnen, Feldhandball, aber auch Ringen, Boxen und Kraftsport. So sind die 88er-Ringer noch bis Ende der 60er im Festungsgraben am Pulverturm daheim.

Das Struthsche Haus stammt von 1868, wird 1913 für Bauunternehmer Jacob Struth im Stil der deutschen Renaissance umgebaut.

Gegenüber der heutigen Bürgerhauszufahrt steht übrigens das bemerkenswerte Struthsche Haus, ein Fachwerkbau, der die deutsche Renaissance um 1600 zitiert, aber doch erst 110 Jahre alt ist. Der Kern des Gebäudes stammt zwar von 1868, wird aber 1913 für den Bauunternehmer und Zimmermeister Jacob Struth umgebaut.
Die Straße am Turnplatz, die ab 1898 bebaut wird, erhält passenderweise den Namen Turnerstraße. Den verliert sie nach der Eingemeindung 1969, weil sich die Bundespost ausbedungen hat, dass es in den Kommunen keine Straßen-Doppelbenennungen mehr geben darf. Da es in Mombach auch eine Turnerstraße gibt, hat Finthen das Nachsehen, so wie Gonsenheim schon, das Mitte der 1960er die entsprechende Straße umbenennen muss.
Die bereits erwähnte Mittelgasse erhält nicht, wie es gelegentlich heißt, während dieser Umbenennungswelle den Namen Bierothstraße (nach dem Bürgermeister von 1899-1920), sondern bald nach dem Krieg. Denn im Jubiläumsheft der Fontana von 1953 finden sich schon Annoncen mit dem neuen Straßennamen; „Anna Bieroth – das führende Spezialgeschäft in Rauch- und Süßwaren, Bierothstraße 11" oder „Moderne Haarpflege Hans Spettel, Bierothstraße 9, reelle und fachmännische Bedienung". Vielleicht wird der Name aber auch schon gleich nach der Besetzung geändert, als die NS-Straßennamen – hier nach dem Hitlerjungen Herbert Norkus – verschwinden.
Das Eckhaus heutige Bieroth-/Ecke Veitstraße

Die Freiwillige Feuerwehr Finthen im Jahre 1887. Sie wird 16 Jahre zuvor im Gasthaus „Zum goldenen Stern", heute Rathaus-Apotheke, gegründet, allerdings gibt es im Ort bereits 1812 eine organisierte Brandbekämpfung.

Nr.2 wird kurz vor dem Einmarsch der Amerikaner durch Artillerietreffer zerstört, der zweite schwere Treffer zerlegt eine bewohnte ehemalige Scheune in der Kurmainzstraße neben Esso Klein. Weitere Gebäude werden beschädigt.

Etwas oberhalb der Einmündung der Veitstraße, der kürzesten in Finthen, findet sich das bedeutendste Gebäude der alten Gasse, das Spritzenhaus. Erbaut wird es 1909/1910, da ist die Finther Wehr schon fast 40 Jahre alt und hat ihr Gerätehaus noch in der Borngasse an der Weed, die als Pferdetränke und Löschteich dient. In der Mittelgasse ist man nun angeschlossen an die 1900 gebaute Wasserleitung und verfügt über ein durchaus stolzes Gebäude. Breit gelagert auf einem Erdgeschoss mit drei Einfahrten erhebt sich das giebelständige Dachgeschoss, auf dem vorn, bündig mit der Fassade und auch verbrettert, der kreuzbedachte Schlauchturm wie ein Dachreiter sitzt. Heute ist es ein Geschäftshaus.

Die schwerste Prüfung ist die Zeit des Zweiten Weltkriegs, als viele Männer an die Front müssen und die Wehr immer wieder nach Mainz ausrücken muss. Wie die Chronik vermeldet, sind die Finther beim Doppelangriff vom 12./13. August 1942 über drei Tage jeweils bis zu 19 Stunden am Stück im Einsatz. Vor allem in der Neustadt, an Goetheplatz, Frauenlobplatz, Boppstraße, aber auch am Schillerplatz oder beim Mainzer Anzeiger in der Großen Bleiche, bei dem das Papierlager brennt. Eine als Verstärkung gegründete Frauenfeuerwehr steht tapfer im Einsatz.

Immer wieder rücken die Finther in all den Jahrzehnten zu Einsätzen im Ort aus oder zur Hilfe für andere Wehren: Der räumlich wohl nächste Einsatz ist der anno 1958 bei der Metzgerei Weil gegenüber in der Bierothstraße, wo Räucherkammer und Schornstein brennen, ein verheerendes Ereignis ist dann 1971

1909/10 baut die Feuerwehr in der Mittelgasse, heute Bierothstraße, ihr Spritzenhaus. 1971, pünktlich zum 100-Jährigen, zieht man ins neue Gerätehaus in die Kirchgasse.

Ältere Ansicht des „Turnerheims", in dem es damals Mainzer Aktien-Bier gibt und Fremdenzimmer. Hervorgehoben wird, dass man über Zentralheizung verfügt.

der Linde-Großbrand in Kostheim. 1977 brennen die „Astoria"-Disco in Gonsenheim und die Soya in Laubenheim, 1988 die Chirurgie der Uniklinik.

Ein Mercedes-Lkw von Hochhaus gegen Ende der 1920er-Jahre am Rheinufer vor der Straßenbrücke mit einer hoch aufgetürmten Ladung von Strohhülsen.

Zwischenzeitlich, pünktlich zum 100-Jährigen 1971, zieht die Feuerwehr von der Bierothstraße in die Kirchgasse. Jockel Fuchs weiht das neue Gerätehaus ein, gefeiert wird bei einem bunten Abend – mit Heino. Der semmelblonde Volksliedbarde mit der dunklen Sonnenbrille ist gerade mit „Mohikana Shalali" in der Hitparade, aber mit Sicherheit wird er auch „Karamba, karacho, ein Whisky" oder „Zur Ponderosa reiten wir" zum Besten gegeben haben.
1936 ist die Feuerwehr indirekt selbst betroffen, denn da fällt das Gasthaus „Zum Adler" einem Großbrand zum Opfer, womit die Wehr ihr Vereinslokal verliert. Fortan ist das Turnerheim neuer Treffpunkt der Floriansjünger. Das hat durchaus Vorteile, denn im Lokal ist noch bis in die 50er-Jahre der Schlüssel zum Spritzenhaus für den ersten nach dem Alarm erscheinenden Wehrmann hinterlegt.
Die Poststraße entlang findet sich linker Hand 121 Jahre lang die Firma Hochhaus, bevor das heute marktführende Großhandelsunternehmen für Weinverpackungen an den Ortsrand West zieht. Die Firmengeschichte beginnt 1876 in einer Scheune am Haus Nr. 22, in der Johann Baptist Hochhaus Flaschenhülsen aus Stroh produziert. Erst werden sie mit der Hand genäht, bald maschinell, schließlich produ-

ziert man sechs Millionen Stück im Jahr für die Wein- und Sektwirtschaft in weitem Umkreis. Schon in der Wirtschaftswunderzeit lösen Packwellhüllen die Strohhülsen ab, beginnt auch der Wandel von der Produktion zum Großhandel mit allen Arten von Geschenkkartons und Versandverpackungen. Da ist die hinter Hochhaus in der Turnerstraße/Am Obstmarkt 11 gelegene zweite Finther Strohhülsenfabrik von Peter-Josef Hanselmann schon verschwunden. Hochhaus betreibt auf dem Gelände auch eine Getreidemühle, die die Bäckereien der ganzen Umgebung beliefert. Die einzige Mainzer Mühle schließt 1971, und bald darauf wird das vierstöckige Mühlengebäude, damals zweithöchstes Finther Bauwerk, abgerissen. Nach dem Umzug 1997 in die Jean-Pierre-Jungels-Straße verschwinden bis auf das Stammhaus alle restlichen Firmengebäude auf dem riesigen Areal. Heute findet sich dort Rewe mit großem Parkplatz. Im Unternehmen arbeitet nun die fünfte Generation, aber trotz aller Produktvielfalt gibts immer noch Strohhülsen: „Der Klassiker von Hochhaus seit 1876."

Arbeiterinnen der Strohhülsenfabrik in der Poststraße, die einst vielen Menschen im Ort eine einfache, aber regelmäßige Arbeit gibt.

Nicht nur Strohhülsen stellt die Firma Hochhaus her, sie betreibt auf ihrem großen Areal zwischen Poststraße und Am Obstmarkt auch eine Mühle, die 1971 stillgelegt wird. Hier ein Mercedes 322 mit Siloaufbau zum Ausliefern größerer Mengen, nachdem immer mehr Bäcker das Mehl nicht mehr in Säcken erhalten, sondern selbst über Silos zur Lagerung verfügen.

Die „Goldene Krone“ ist nicht nur ein beliebtes Gasthaus, sondern bietet auch einen großen Saal.

247 Finthen 7

Die „Goldene Krone“ und ein Stern für Stein

Von der Ewigen Stadt nach Colonia Agrippina, vom Herzen des römischen Reichs in dessen Nordostecke nach Köln – da liegt Finthen quasi auf dem Weg. In der Tat führt vor 2000 Jahren eine wichtige Fernverbindung des Weltreichs über die Gemarkung des heutigen Finthen. Genauer gesagt markiert der Zug von Kurmainz- und Flugplatzstraße den einstigen Verlauf.
Diese Römerstraße bleibt eine wichtige Verbindung über die Zeiten hinweg, da die Straße trotz der Steigung die beste Verbindung nach Ingelheim und dann weiter nach Bingen ist. Deshalb wird sie in französischer Zeit als Staatsstraße neu angelegt. In der Ortslage heißt sie lange Mainzer Straße, im 3. Reich Saarstraße, dann wieder Mainzer Straße, doch das ist auch schon wieder über 50 Jahre vorbei. Denn wie andernorts in Finthen fällt nach der Eingemeindung der Name der Regel zum Opfer, dass jeder Straßenname im gesamten Mainzer Stadtgebiet nur noch einmal vorkommen darf.
Wie bereits in einer anderen Folge erwähnt, gibt es eine Mainzer Straße auch in Gonsenheim und Weisenau und mit der Eingemeindung 1969 noch in Hechtsheim, Laubenheim und Marienborn. Klar also, dass dieser Straßenzug einer der ersten ist, der umbenannt wird. Und so wird die Mainzer Straße namenstechnisch in die Kurmainz- und die Flugplatzstraße aufgeteilt und dabei noch das Hausnummernsystem verändert, selbst gerade und ungerade Nummern wechseln die Seiten.

Das Gasthaus „Zum Schwanen" an der Mainzer Straße, die 1969 in Kurmainz- und Flugplatzstraße umbenannt wird, hat einst auch eine Kegelbahn, die sich in dem angrenzenden giebelständigen Gebäude befand. In dem Haus unterhalb befindet sich heute das italienische Restaurant „Il Mondo".

Wo heute die Katzenberg-Siedlung liegt, werden einst Ziegel gebrannt. Viele Finther Häuser, auch das Kloster in der Poststraße, werden aus Finther Backstein aus der Ziegelei Schmitz gebaut.

Wie hier müssen sich die Finther Anfang der 1970er-Jahre vielfach umgewöhnen. Die Adlergasse darf man aber behalten, stattdessen wird das gleichnamige Innenstadtsträßchen seitlich der Gaustraße in Ölgasse umbenannt.
Oben am Ortseingang, am Beginn der Kurmainzstraße, wo es links nach Drais geht und rechts zum Katzenberg, findet sich einst ein malerisches, baumbestandenes Rondell, das der Finther Maler Ferdinand Heeb Ende des 19. Jahrhunderts in Öl verewigt. Auf dem Katzenberg liegt einst die Ziegelei von Peter Josef Schütz, der selbst gegenüber der Einmündung der Straße Am Obstmarkt, früher Turnerstraße, wohnt.
Mit Entstehen des Fernstraßennetzes in der

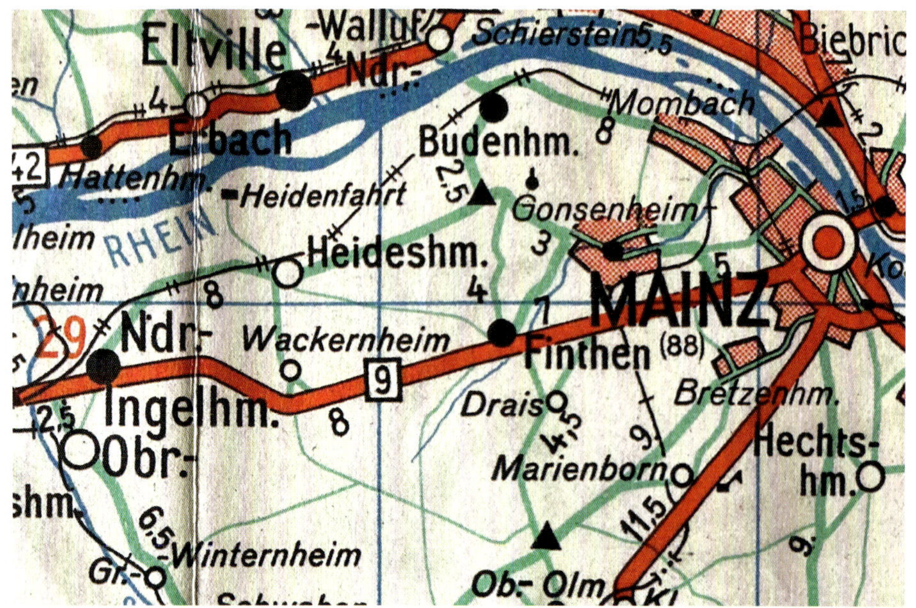

Straßenkarte von 1951, als die Bundesstraße 9 noch mitten durch Finthen verläuft. Einige Jahre danach wird die B9 unterhalb von Finthen um den Ort herumgelegt und später zur A 60 aufgewertet.

Weimarer Zeit wird der Finther Straßenzug 1931 zu einem Teilstück der Fernverkehrsstraße F 9, ab 1934 der Reichsstraße R 9 und 1949 zu einem Abschnitt der Bundesstraße B 9. Als Mitte der 1950er-Jahre dann unterhalb von Finthen die neue Trasse der B 9 entsteht, die von der Saarstraße abzweigt und später zur A 60 aufgewertet wird, da wird die Finther Durchgangsstraße zur L 424, also zu einer Landesstraße degradiert. Die Finther werden es verschmerzt haben, zumal der Schwerlastverkehr, bis auf die US-Trucks zum Airfield, den Ort größtenteils meidet.

Ob sich aber wirklich alle gefreut haben? Denn wie bei Durchgangsstraßen üblich, reihen sich entlang der Mainzer Straße Gasthöfe, Autoservice- und Tankstellen. Die machen einen nicht geringen Teil des Geschäfts mit den Durchreisenden, die mit der neuen Trasse der Bundesstraße natürlich ausbleiben.

Als Finthen noch an der B 9 liegt, findet der Ort sogar Aufnahme in den ADAC-Autoatlas

„Gasthaus und Pension Zum Schwanen, Heizung, fl. Wasser". So steht es auf der Rückseite dieser Mehrbildkarte aus den 1950er-Jahren. Aus dieser Zeit stammt auch die andere Ansichtskarte, auf der statt Café fälschlicherweise „Kaffee Hitter" geschrieben steht.

1928 besucht der legendäre Berliner Droschkenunternehmer Gustav Hartmann, der „Eiserne Gustav" (auf Kutschbock mit hellem Zylinder), auf seiner Fahrt von Berlin nach Paris Finthen und steigt in der „Goldenen Krone" ab.

mit Reiseführer. In der 1951er-Ausgabe steht: „Finthen, Kreis Mainz, 4560 Einwohner, 200 m.ü.d.M., Landgemeinde ca. 5 km von Mainz entfernt an der Bundesstraße 9, schöne Umgebung. Haupterwerbszweige neben Obst- und Gemüsebau Lebensmittelindustrie. … Gaststätte: Gasthaus zur goldenen Krone. Ph. L. Hanselmann, Mainzer Str. 47, Fremdenzimmer, Zentralheizung, große u. kleine Säle, Tagesrestaurant. Cafés: Café und Feinbäckerei Fr. Hitter, Mainzer Straße 30. Tankstellen: Esso-Station, Inh.: L. Klein, Mainzer Straße 22." Die

Nachdem Norbert Bingenheimer die „Goldene Krone" übernimmt, lässt er an der Hausfront den Schriftzug „Hofbräuhaus München" anbringen. Für diese Brauerei betreibt er die Niederlassung, hat im ehemaligen „Krone"-Saal sein Lager.

Hausnummern sind aber durch die erwähnte Teilung der Straße nicht auf die heutigen Straßen übertragbar.
In den 1950ern gibt es fünf Lokale und Gasthöfe in der Mainzer Straße: Das „Deutsche Haus", „Zum Schwanen", das „Weiße Ross", heute „Il Mondo", der „Adler" Ecke Am Elmerberg und die „Goldene Krone", die einst der größte Saalbau Rheinhessens ist. 1951 schreibt das Nachrichtenblatt, dass die „Krone" weit über Finthen bekannt sei: „Spezialität sind Spargelgerichte und junge Hahnen. Diese werden nicht im Grill zubereitet, sondern in der Eisenpfanne."
Das Haus hat acht Betten und dort nächtigt vor 95 Jahren der „Eiserne Gustav", der Berliner Droschkenunternehmer Gustav Hartmann. Weil er ein Zeichen gegen das Aussterben der Pferdedroschken setzen will, startet er am 2. April 1928 mit seiner Kutsche und Wallach „Grasmus" auf eine 2000-Kilometer-Fahrt nach Paris und zurück. Zehn Jahre nach Ende des 1. Weltkriegs wird er an der Seine von Hunderttausenden gefeiert.
Die Krone ist der älteste Saalbau im Ort, so Ingo Schlösser in einem Beitrag im „Finther Zeitspiegel". Das frühere Bauernhaus wird vor 1890 in einen Gasthof, die Scheune in einen Saal umgebaut. Nachdem mit Eröffnung des „Jungenfeldschen Garten" 1892 Konkurrenz Einzug hält, wird der Krone-Saalbau deutlich vergrößert und 1928 mit einem weiteren Zubau mit Tanzsaal und umlaufender Galerie nochmals. Nach dem Krieg findet hier die erste Sitzung des FCV am 25. Januar 1948 statt, die Fläche des Saals entspricht etwa der des Bürgerhauses von 1974.
In den 60ern wird der Saal geschlossen, richtet Norbert Bingenheimer dort für seine „Münchner Hofbräu"-Niederlassung ein Lager ein. Ende der 1960er übernimmt er die „Goldenen Krone" komplett, belässt es aber nicht einfach bei der Übernahme. Aus dem Gasthaus „Zur Goldenen Krone" wird die „Krone Finthen", aus 70 Plätzen werden 45 und aus dem Lokal ein Speiserestaurant.
Die Küche ist „ländlich klassisch", merkt ein Restaurantführer an, und sie verblüffe mit „wahrlich einfachen, aber neuen Ideen". Die gehen auch auf das Konto von Wolfgang Kolb, einem jungen, kreativen Koch, der gern mit Bingenheimers Ehefrau Marion neue Gerichte entwickelt; wobei „gefüllte Hähnchen und Spargel" der „Krone"-Klassiker bleibt.
Im Gästebuch stehen Helmut Kohl und Jockel Fuchs, Peter Weck, Pierre Brice, Joachim Fuchsberger, Robert Lemke, Ilja Richter, Teufelsgeiger Helmut Zacharias oder Meistertrainer Max Merkel. Auch Kollegen kommen, Pierre Pfister vom Hilton oder Hans-Peter Wodarz von der „Ente" in Wiesbaden. Und während des Mainz-Besuchs von Königin Elizabeth II. 1978 speisen hier Butler, Diener, Zofen, der Friseur der Queen und deren alte Gouvernante. Es gibt Finther Spargel mit Sauerländer Schinken und neue Kartoffeln, bevor das Gefolge im Landesgästehaus der Queen zu Diensten steht. 1989 lässt Tatjana Gräfin von Metternich hier ein „Rheingau-Diner" ausrichten – in Rheinhessen. 1993 schließt Bingenheimer die „Krone", bald darauf wird sie abgerissen und heute kündet nichts mehr von ihr.
Es gibt aber auch ein Traditionshaus in Finthen, das die Zeitläufte übersteht und heute heller strahlt denn je – „Steins Traube", von der Kreuzung Kurmainz-/Flugplatzstraße nur ein kleines Stück die Poststraße hinein. Über 150 Jahren im Familienbesitz, betreibt sie die „Traube" seit 1906 selbst.
Ein ausgezeichnetes Lokal, im wahrsten Sinne des Wortes: ein Stern im Guide Michelin, zwei Gault Millau-Mützen und, und, und … Bis dahin ist es ein langer Weg von Adam und Anna Stein, Sohn Karl mit Katharina, Enkel Reinhold und Ehefrau Luzia, Peter und Annette bis zu Philipp und Alina Stein.
Über Jahrzehnte ein gemütliches Lokal mit kleinem Saal, in dem die „Schoppesänger" proben, wagen Reinhold und Luzia 1971 einen Neustart. Sie wollen einen Teil der „Traube" abreißen und neu errichten, aber dann stürzt plötzlich alles ein, die Familie muss in die Garage ziehen und ein kompletter Neubau ist fällig. Die „Traube" etabliert sich als Speiselokal, das Sohn Peter später verfeinert. Er lernt in Wodarz´ „Ente vom Lehel" bei Pierre Pfister und Herbert Langendorf die Raffinesse gehobener

Norbert und Marion Bingenheimer in den 80ern in ihrem Lokal, das sie von einer Wirtschaft in ein Speiselokal umwandeln. Im Gästebuch finden sich viele Promis, etwa Helmut Kohl oder Joachim „Blacky" Fuchsberger. Zur Eröffnung schenken die „Finther Schoppesänger" Bingenheimer das Foto links.

Der Ruf des Hauses reicht weit –
mit Recht!
Wir werden ihn weiterverbreiten –
Joachim Fuchsberger
"Blacky"
17. 11. 82

Zwei aus Österreich sind auch dabei

Gundula Fuchsberger

Die „Traube" in den 1950er-Jahren, als sie noch eine ganz normale Finther Wirtschaft war. Anfang der 1970er begann dann langsam der Aufstieg zum Speiselokal, zum feinen Restaurant und schließlich zum Sterne-Tempel.

Küche, arbeitet bei Sternekoch Heinz Winkler im Münchner „Tantris", im „Erbprinz" Ettlingen und in der Assmannhäuser „Krone", bis er 1989 mit Ehefrau Annette die „Traube" übernimmt und zu „Steins Traube" macht.
Sohn Philipp geht den Weg konsequent weiter, tritt 2014 im Favorite Parkhotel seine erste Stelle als Küchenchef an und wird umgehend, mit nur 24 Jahren, jüngster deutscher Sternekoch. Als er 2019 mit Ehefrau Alina die „Traube" übernimmt, stehen große Veränderungen an. Die in Gelb- und Brauntönen changierende Ziegelfassade weicht einem vornehmen dunklen Grau mit leuchtendem Trauben-Logo und wirkungsvollem Lichtdesign, während sich der Gastraum minimalistisch mit Farbakzenten zeigt. Es solle nicht unbedingt Sterneküche geben, übt Philipp Stein damals Zurückhaltung, aber 2021 gibts wieder einen Stern für Stein.
Der Guide Michelin formuliert in feinstem Kritiker-Sprech: „Auf dem Teller weder Show noch Spielerei ... Man kocht mit zurückhaltender Eleganz und der nötigen Portion Mut an den richtigen Stellen."

Reinhold und Luzia Stein (l.) mit Schwägerin Hilde Schmitt, geb. Stein, in den 50ern am Tresen.

Der kleine Saal in der „Traube" um 1910 mit einer Sitzanordnung wie für eine kleine Feier.

„Weißes Roß", heute „Il Mondo", mit Werkstatt. An der NSU die VR-Nummer für Rheinhessen (bis 1937).

248 Finthen 8

Autos, Amis und das Adler-Kino

Entlang der Mainzer Straße, einst Reichs- und Bundesstraße 9, heute Kurmainz- und Flugplatzstraße, reihen sich nicht nur Gasthöfe, sondern mit Aufkommen des Automobilverkehrs auch Service- und Tankstationen. Um 1930 gibt es die Standard-, spätere Esso-Tankstelle von Ludwig Klein in der Mainzer Straße 22, dann Shell-Benzin und -Autoöle bei Thelen am westlichen Ortsausgang in der Nr. 58. Und das Gasthaus zum weißen Roß in der Nr. 23 (heute „Il Mondo", Nr. 24), empfiehlt nicht nur ein „gutes Glas Sonnenbier", prima Weine, Fremdenzimmer und Garage, sondern auch Service für den Kraftwagenfahrer: „Automobil- u. Motorräder-Spezial-Reparaturwerkstätte, Zubehörteile, erstklassige Autoöle". Fritz Appel und Julius Pfeifer preisen ihren Betrieb an als „fachmännisch geleitete, modern eingerichtete Werkstätte, Bedienung reell und preiswert". Die wichtige Straße ist natürlich erstes Ziel der US-Truppen beim Einmarsch am 21. März 1945, rücken ab 7.15 Uhr vom Flugplatz her auf Finthen vor. Nachdem nachts US-Artillerie in den Ort gefeuert hat, kommen die Finther aus den Kellern, wie anlässlich des 50. Jahrestages Zeitzeuge Reinhold Schäfer in einem Beitrag für den Heimat- und Geschichtsverein berichtet.

Um 1930 gibt es die Standard-, spätere Esso-Tankstelle von Ludwig Klein in der Mainzer Straße 22. Betankt wird hier möglicherweise ein Audi „Dresden", im Hintergrund die Markthalle.

Gegen den Vormarsch von Pattons 3. Panzerdivision sollen eilig errichtete Panzersperren helfen, aber ein gängiger Witz im Reich lautet: „Warum brauchen die Amis einen Tag und eine Minute, um die Sperren zu überwinden? Die lachen den ganzen Tag und brauchen eine Minute, um sie zu zerstören."

Reinhold Schäfer beschreibt eine solche Sperre, wie sie zwischen heutiger Kurmainzstraße 15 und 16 besteht. „Sie hatte eine Stärke von drei Metern, rechts und links gab es je ein Karree aus palisadenartig in den Boden eingelassenen Kieferstämmen, das mit Steinen verfüllt war. Dazwischen wurde ein Durchgang gelassen, der mit quer eingelegten Stämmen verschlossen werden konnte."

Im Zug der Mainzer Straße gibt es zwei Sperren, aber zum Glück öffnen mutige Fintherinnen und Finther nachts die erste. Das ist lebensgefährlich. Nicht nur wegen des Artilleriebeschusses, sondern vor allem wegen der Nazi-Standgerichte, die für so etwas an Ort

Geschmückte Pferdefuhrwerke kommen die Mainzer Straße, heute Kurmainzstraße, hinunter. Möglicherweise nehmen sie am Erntedankfest teil.

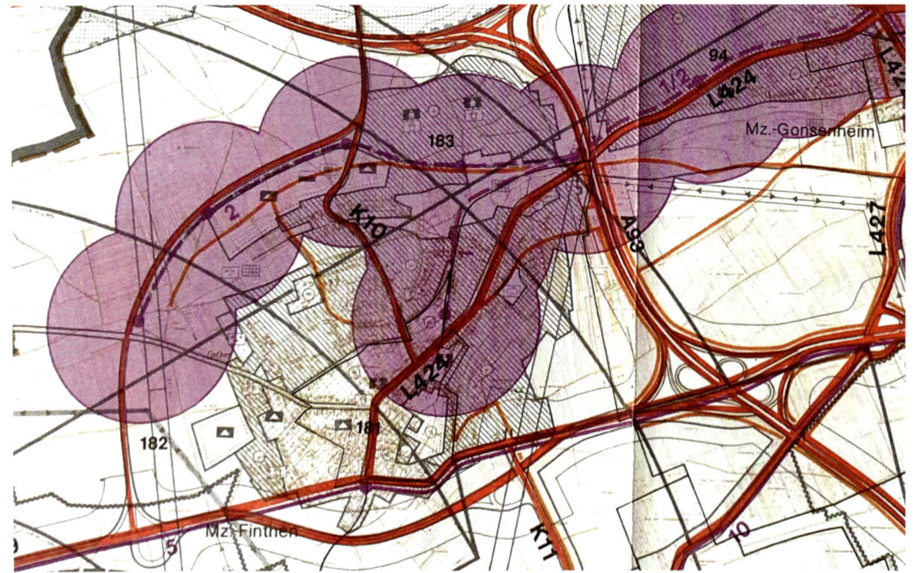

Flächennutzungsplan 1973 zeigt alle existierenden und geplanten Verkehrswege. Ganz unten ist der Bogen einer geplanten Umgehung zu sehen, dann gibt es eine weitere Umgehungsstraße, die von der Waldhausenbrücke (oben Mitte) nach links im Bogen zur Flugplatzstraße führt. Entlang dieser Verbindung ist die Verlängerung der Straßenbahn von der Römerquelle her geplant (lila gestrichelt). Die lila Kreise zeigen die 400-Meter-Entfernung bis zur nächsten Haltestelle.

Ansichtskarte des Hotels „Deutsches Haus" an der Kurmainzstraße, fast am Ortseingang.

und Stelle Todesurteile vollstrecken. Tags zuvor sind drei Hechtsheimer wegen einer weißen Fahne ermordet worden.

Die zweite Sperre am Katzenberg besteht aus mit Beton verfüllten Kanalrohren, die in einem halben Meter tiefen Graben quer zur Straße liegen. Gesichert wird sie durch eine MG-Stellung hinter der Eckmauer an der Prunkgasse, die aber verwaist ist. Nach der Vorhut aus einem Panzer und 30 Infanteristen folgt gegen 10 Uhr der eigentliche Einmarsch mit Panzern, Jeeps und Lkw über Draiser Berg und Hessler in den Ort.

Bis nach Mitte der 1950er bleibt die Mainzer Straße Bundesstraße, aber auch nach der Verlegung der B 9 nordöstlich um Finthen herum, gibt es weiter Pläne für Umgehungsstraßen. Ein Plan von 1973 sieht gleich zwei vor, eine von der Waldthausenstraße kurz vor der Brücke über die A 60 nordwestlich im Bogen um Finthen herum, um die Straße nach Wackernheim zu erreichen. Entlang dieser Umgehung soll auch die Straßenbahn von der Römerquelle bis zur Uhlerbornstraße verlängert werden. Die zweite Route soll vom östlichen Ortseingang nach links hinter den Häusern am Draiser Berg entlangführen und in Höhe der heutigen Jean-Pierre-Jungels-Straße wieder einmünden. Bedenkt man, dass sich heute viele Tausend Autos durch den Straßenzug wälzen, wäre eine Umgehung gut. Allerdings müsste sie südlich

weiter ausgreifen, denn die Bebauung am Draiser Berg ist in den Jahrzehnten gewachsen.
So viel Verkehr ist auch gefährlich, aber eine Jagdszene wie in den Vorweihnachtstagen vor 75 Jahren, genauer: in der Nacht auf den 23. Dezember 1948, dürfte einmalig sein. Die AZ schreibt damals unter der Überschrift „Auf der Landstraße beschossen", dass der Fahrer eines Personenautos betrunken (auf der heutigen Saarstraße) im Zick-Zack unterwegs gewesen sei, „so daß drei Lastwagen, die ihm ausweichen wollten, im Straßengraben landeten". In Finthen ignoriert er das Haltezeichen eines Gendarmeriebeamten, worauf die Situation eskaliert: „Ein anderer Autofahrer, anscheinend Amerikaner oder Engländer in Zivil, fuhr mit seinem Auto dem ersten Wagen nach. Er wollte den anderen Personenwagen anscheinend durch Zerschießen der Reifen zum Halten bringen. Einer der fünf Schüsse ging dem betrunkenen Fahrer, der den Wagen noch zum Halten bringen konnte, durch die Brust." Er wird nicht lebensgefährlich verletzt, der Ausländer fährt weiter und kann nicht ermittelt werden.

Die Esso-Tankstelle in den Aufbaujahren mit einem Gutbrod in den 1950ern und zwei bekannten Autos der 60er: einem Opel Admiral der 1964er-A-Serie und einem NSU Prinz.

Die 1925 eingeweihte Markthalle in den späten 50ern mit Henschel- und Magirus-Lkw, wobei die Henschel-Laster aus Kassel an dem langgezogenen Stern auf dem Kühlergrill zu erkennen sind, die Magirus an dem stilisierten Ulmer Münster.

In einer S-Kurve geht es die Kurmainzstraße hinunter, um nach der Tankstelle rechts Turnerstraße / Am Obstmarkt zu passieren, wo die alte Markthalle liegt. Seit 1994 ist sie Einkaufszentrum, während eine neue Markthalle an der Straße nach Wackernheim entsteht. Die alte Halle ist ein schönes, stattliches Bauwerk. Erbaut 1925 mit Fassade aus Rotklinker, weitem Dach und riesiger, aus dunklen Ziegeln gestalteter Dachinschrift „Markthalle Finthen", kommt Mitte der 30er noch ein rechtwinkliger Anbau hinzu.

Mitte des 19. Jahrhunderts wird überwiegend Ackerbau betrieben. Die 4400 hessischen Morgen bestehen zu drei Vierteln aus Ackerfläche, Gärten und Hofreiten, 45 Morgen Wiesen, sieben Morgen Weinbergen und tausend Morgen Wald. Doch ab 1900 verändert sich die Landwirtschaft hin zu Sonderkulturen wie Spargel und Obst.

Schon 1914 zählt man 100000 Obstbäume und es gibt auf 40 Morgen Weinbau in den Lagen Warberg, Lehen, Königsborn und Ebchen, die seitlich der Budenheimer Straße, heutige Waldthausenstraße, liegen. Der Ertrag soll bei 18000 Liter Weißwein gelegen haben: 40 Prozent Österreicher, je 15 Prozent Kleinberger (auch Elbling genannt), Traminer und Portugieser, 15 Prozent Gutedel und Riesling. „Guter Mittelwein" heißt es damals, Liter 37,5 Pfennige gegenüber 50 Pfennigen für Niersteiner. Der letzte Weinberg wird 1985 aufgegeben.

1964 gibt es noch 222 landwirtschaftliche Betriebe, davon mehr als die Hälfte mit 0,5 bis 2 Hektar im Nebenerwerb und 47 Betriebe mit zwei bis fünf Hektar, davon elf Nebenerwerbslandwirte. Alle größeren Höfe unterteilen sich wie folgt: 36 bis zu 7,5 Hektar, 19 Betriebe bis zu zehn und 18 über 10 Hektar. Die Zahl nimmt über die letzten Jahrzehnte rapide ab, die Betriebsgröße wächst aber deutlich.

Als 2022 Sven Schmitt die Leitung des Finther Bauernvereins übernimmt, sagt er mit Blick auf seinen 100-Hektar-Betrieb mit saisonal bis zu 150 Mitarbeitern: „Ich bin eigentlich kein Bauer mehr, ich bin Unternehmer – leider". Die kleinbäuerlichen Strukturen gingen verloren, meinte er, aber die Marktlage verlange nach Effizienzsteigerung. So hat sich die Lage der Landwirtschaft in Finthen verändert, aber es gibt sie noch. Im Gegensatz zu Gonsenheim, wo es keinen einzigen Vollerwerbslandwirt mehr gibt.

Die Landwirtschaft bringt auch einen Anstieg beim Gewerbe, so siedeln sich Konservenfabriken an wie die Firma Seidel, es gibt die Getreidemühle Hochhaus oder auch Landhandel,

Auf dem Hof von Landhandel Lapp stehen ein Opel Blitz (vorn) und hinten zwei Lkw französischer Herkunft, möglicherweise aus Armee-Beständen.

Die lebhafte Entwicklung der Landwirtschaft bringt auch einen Anstieg beim Gewerbe mit sich. So siedelt sich auch die Konservenfabrik Seidel dort an.

dazu Handkäsfabrikationen, wobei das eher Kleinstbetriebe sind.
Vor 100 Jahren kommt eine Neuerung ins Dorf, werden im Gasthaus Adler, Mainzer Straße 45, an der Kreuzung mit Bahnhofstraße und Ober-Olmer-Straße die Adler-Lichtspiele eröffnet. Der zweite Stock des Gebäudes bietet Raum für 150 Plätze, doch nach einem Umbau, vielleicht nach dem großen Brand Mitte der 30er, sind es 250 Plätze, während der Eingang seitlich in die Ober-Olmer-Straße, heute Am Elmerberg, verlegt wird. 1970 sind es noch mal 20 Plätze mehr, aber Besucher kommen immer weniger. 1972 schließen die Adler-Lichtspiele.

Ansichtskarte des Gasthof Adler an der Kreuzung von Flugplatz-, Post- und Ober-Olmer-Straße (heute Am Elmerberg), in dessen Seitentrakt es einst die „Adler Lichtspiele" gab. Doch mit der ersten großen Kinokrise 1972 war dann Schluss.

Finthen Ende der 50er, bevor im Vordergrund an Ludwig-Schwamb-/ Kettelerstraße ein Baugebiet entsteht.

249 Finthen 9

Zwangsheirat mit Happyend

Dass die Finther gern als renitentes Bergvolk tituliert werden, mag wenig schmeichelhaft klingen, könnte seinen Ursprung aber in einer durchaus respektablen Handlung haben. Denn 1793 lehnen sie es nach der Besetzung durch die französischen Revolutionäre ab, den Eid auf deren Verfassung zu leisten. Dafür wandern 18 Finther für eine Nacht in den Eisenturm, werden zehn von ihnen ins Rechtsrheinische ausgewiesen. Und renitent bleiben die Finther, denn als man Ende der 1960er-Jahre nach Mainz eingemeindet werden soll, ist erneut Widerstand angesagt.

Finthen gehört seit dem 19. Jahrhundert zum Landkreis Mainz, der in seiner letzten Gestalt inklusive Oppenheim von 1939 bis 1969 existiert. Man hat einen eigenen Bürgermeister, eine gewisse Selbständigkeit, kann und muss in gewissem Umfang seine Probleme selbst angehen. Als man 1950 rund 200 Wohnungssuchende zählt, setzt Bürgermeister Hach im Ort auf sozialen Wohnungsbau, stößt aber auf Probleme mit Geländeerwerb und Kredit.
Aber das Wohnungsproblem drängt, denn auch Finthen muss nach der 1949 erfolgten Verteilung der Flüchtlinge und Vertriebenen,

Eine Mehrbildkarte, die zeigen soll, was einst in der Eigendarsarstellung des Ortes als wichtig gilt. Eine Übersicht gehört dazu, die Markthalle, die neue Schule, das Ehrenmal sowie die Spar- und Darlehenskasse.

Noch eine Mehrbildkarte, und wieder sind Schule und Ehrenmal unter den Motiven. Dazu gibt es auch eine schöne Ansicht mit dem Kloster, das Gelände im Vordergrund ist heute längst bebaut.

die nach dem Krieg vielfach in Norddeutschland gestrandet sind, Familien aufnehmen. 1959 errichtet die Innere Mission für sie zwanzig Häuser auf der Steig.

Ist Finthen jahrhundertelang ein fast rein katholisches Dorf, sind schon 1947 unter 4220 Einwohnern rund zehn Prozent Protestanten. Ausgebombte aus Mainz und Kriegsgestrandete haben daran sicher ihren Anteil, und der steigt dann noch durch Flüchtlinge aus Preußens altem Osten, der überwiegend protestantisch ist. Friedrich Schütz schreibt in dem lesenswerten Heft „900 Jahre Finthen" von 1992, dass in einer Festschrift für Pfarrer Lambert das starke Ansteigen der Mischehen beklagt wird. 1955 beginnt der Bau der evangelischen Kirche.

Die erste große Ortserweiterung gibt es in den 1960er-Jahren am westlichen Ortsrand rechts und links der Heidesheimer Straße (heute Uhlerbornstraße). Dort entstehen rund um

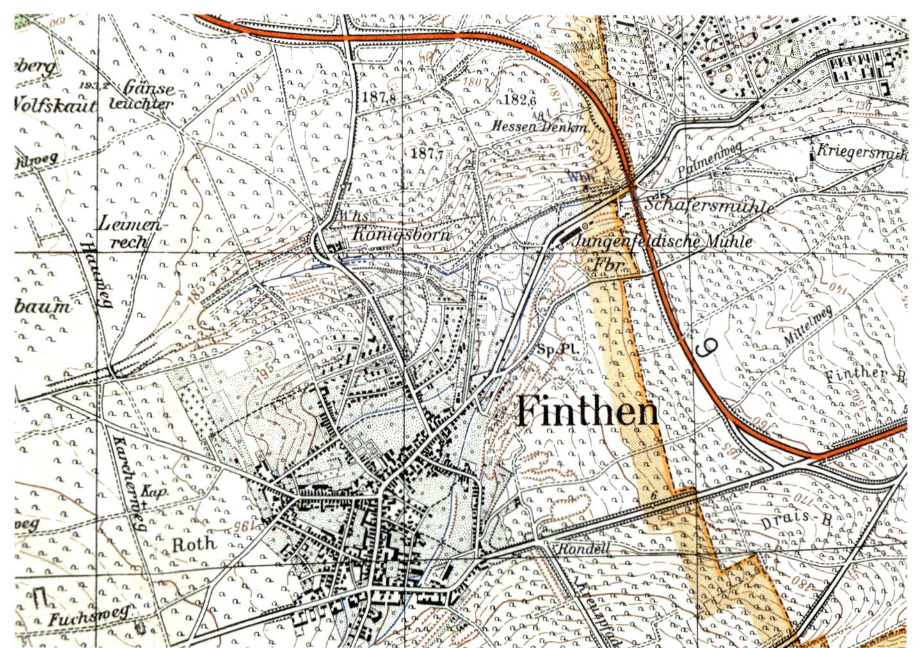

Messtischblatt von 1956, das noch die Grenze zwischen Stadt und Kreis Mainz zeigt. Die B 9 (dargestellt in rot) führt nun nicht mehr durch Finthen, sondern wird ab der Saarstraße unterhalb um den Ort herumgeführt. Später wird sie zur A 60 ausgebaut.

Ludwig-Schwamb- und Kettelerstraße 148 Mietwohnungen und 259 Einfamilien-, zumeist Reihenhäuser.

Um diese Zeit gibt es in Mainz längst Begehrlichkeiten in Richtung Finthen. Nachdem es mit Gonsenheim 1938 die letzte Eingemeindung gegeben hat, ist Mainz 1945 mit der Abspaltung aller rechtsrheinischen Stadtteile wieder empfindlich geschrumpft. Als sich dann die von Wiesbaden versprochene Rückkehr von AKK zerschlägt, gehen die Blicke in Richtung Süden und Westen, denn Mainz benötigt dringend Flächen für Wohnen und Gewerbe.

Da kommt den Mainzern ein Vorstoß des CDU-Landesvorsitzenden, Fraktionschefs und designierten Ministerpräsidenten Helmut Kohl gerade recht, der als politisches Meisterstück die Gebiets- und Verwaltungsreform auf den Weg bringt. Er hat dabei einen wichtigen Unterstützer, den damaligen rheinland-pfälzischen SPD-Chef und Mainzer OB Jockel Fuchs, der seine Partei von der Reform überzeugt, die die Auflösung zahlreicher Kreise, die Zusammenlegung von Kommunen und auch Eingemeindungen bedeutet.

Es gibt wütende, teils hasserfüllte Proteste im ganzen Land, wenn Gemeinden ihre Selbständigkeit verlieren sollen. In Mainz geht es trotz allen Widerstands lange nicht so schlimm zu. Ebersheim kommt eh freiwillig, und auch die Aspiranten Finthen, Drais, Marienborn, Hechtsheim und Laubenheim belassen es bei Protestversammlungen, Plakaten und dem juristischen Weg. Hechtsheim, Laubenheim und Finthen erheben vor dem Verfassungsgerichtshofs des Landes Klage, doch die wird am 17. April 1969 zurückgewiesen.

Als ob es die Finther ahnen, verhandeln sie bereits vor dem Richterspruch mit den Mainzern. Nachdem der Landtag am 1. Juni 1969 das Gesetz verabschiedet hat, unterzeichnen bereits einen Tag darauf der Finther Bürgermeister Reinhold Silz und der Mainzer OB Jockel Fuchs den sogenannten „Auseinandersetzungsvertrag". Am 8. Juni 1969, null Uhr, wird aus Finthen, Landkreis Mainz, Mainz-Finthen.

Auch wenn viele, vielleicht sogar die meisten Finther dagegen sind, ist der Schritt zwangsläufig, denn die Verbindungen zwischen Ort und Stadt sind über die Jahrzehnte immer enger geworden. Etwa durch Nahverkehr, Kanalisation, Energieversorgung, weiterführende Schulen und vor allem auch die Arbeitsplätze, zu denen viele Finther nach Mainz pendeln.

Man grollt in Finthen, ist sich aber sicher, wenigstens gut verhandelt zu haben. So hat der Ortsbeirat Mitspracherecht bei Bebauungsplänen, während die Stadt sich verpflichtet, die in

Die noch eingleisige Straßenbahn an der noch nicht ausgebauten Florian-Geyer-Straße, das Haus links steht an der Mühltalstraße. Heute ist die ganze Gegen bebaut und oben auf dem Berg erhebt sich das Wohngbeiet Römerquelle.

Planung oder Verfahren befindlichen B-Pläne Feilkirch, Hopf, Katzenberg und Langgewann abzuschließen und zu vollziehen, dazu 17 neue Straßen zu bauen. Weitere Zusagen: Kanalisation und Straßenbeleuchtung werden vollendet, der Gemeindefriedhof bleibt bestehen, ebenso die Freiwillige Feuerwehr, die zudem ein neues Gerätehaus erhält, und für die Metzger gibt es 15 Jahre keinen Schlachthofzwang. An Neubauten wurden versprochen: eine Sporthalle, die Erweiterung von Schule in der Schillerstraße und Friedhofshalle sowie ein Bürgerhaus. Zudem darf laut dem Vertrag das Finther Wappen auch weiter bei feierlichen Anlässen und Ehrungen verwendet werden.

Die Morgengabe der Finther für Mainz: 6375 neue Mainzer Bürger und 11004 Hektar neues Stadtgebiet. 1979 erinnert OB Fuchs daran, dass die Eingemeindung keine Liebesheirat gewesen sei, aber trotz aller negativen Vorzeichen, hätten sich „die Partner von dem jetzt zehn Jahre währenden Liebeswerben der Stadt

Der erste Spatenstich für das Finther Bürgerhaus und der Bau kurz vor seiner Fertigstellung. Das erste Gebäude seiner Art in Mainz wird im Januar 1974 mit einer mehrtägigen Feier eingeweiht.

Seitenansicht des Bürgerhauses am Obstmarkt mit dem Eingang zur Ortsverwaltung. Es muss bereits 44 Jahre als unsanierbar wieder abgerissen und durch einen Neubau ersetzt werden.

Mainz überzeugen lassen und sind gute Mainzer geworden".

Der letzte Finther Bürgermeister Reinhold Silz, der 1969 den Vertrag unterzeichnet hat, erlebt die Erfolgsgeschichte der Eingemeindung nicht mehr. Er stirbt bereits 1974.

In den ersten zehn Jahren investiert die Stadt 36 Millionen Mark in Finthen, vor allem in den Straßenbau, dazu betragen die Leistungen der Stadt gemäß dem Vertrag 10,2 Millionen Mark. Dabei ist 1979 der zugesagte Ausbau des Aubach noch nicht abgeschlossen – der im Übrigen heute wieder renaturiert wird –, und der Bau der Bezirkssportanlage ist noch im Planungsstadium. Das Regenrückhaltebecken (2,2 Millionen Mark), die Schulturnhalle (1,6 Millionen) und vor allem aber das lang ersehnte Bürgerhaus sind allerdings schon fertiggestellt, dessen Kosten mal mit 4,3, dann mit 4,7 Millionen Mark angegeben werden.

Der Spatenstich für das erste der Mainzer Bürgerhäuser erfolgt am 11. Mai 1972 zwischen Prunkgasse und Obermarkt, eingeweiht wird das Gebäude am 12. Januar vor exakt 50 Jahren. Eine solche Stätte der Begegnung, „die dem Bürger ein Forum gibt, jederzeit mit anderen Menschen zusammenzutreffen und seine Freizeit zu gestalten", so Jockel Fuchs, gibt es damals in Mainz noch nicht. Das Bürgerhaus bietet einen Saal mit 700 Plätzen, Gaststätte, Clubraum, sechs Kegelbahnen und Ortsverwaltung.

Bald darauf fällt der „Jungenfeldsche Garten", rund 80 Jahre wichtigster Saalbau im Ort, und der neue Bau übernimmt die Pflichten. „Das Bürgerhaus wurde schnell zum Dorfmittelpunkt. Fastnachtssitzungen, Vereinsveranstaltungen, Jubiläen, Altennachmittage, Konzerte, Theater, Gewerbeausstellungen und die Kunst der Finther Gruppe oder ad fontes fand hier ihre Heimat", heißt es 2020 im „Finther Zeitspiegel" des Heimat- und Geschichtsvereins in einem Themenheft über die Saalbauten.

Doch schneller als gedacht machen sich am Bürgerhaus Abnutzungserscheinungen bemerkbar, zumal die Bauqualität der späten 60er- und der 70er-Jahre oft zu wünschen übrig lässt, wie sich in Mainz an vielen Bauten zeigt. Ob beim Rathaus oder verschiedenen Bauten der Unimedizin. Mangelnder Bauunterhalt verschärft überall die Lage. In Finthen ist schon nach 44 Jahren Schluss mit dem Bürgerhaus, beginnt im Mai 2018 der Abriss, doch schon 2020 wird der Nachfolgebau eröffnet. Nur nicht so festlich wie 1974, als eine Woche gefeiert wird. Wegen Corona gibts nur eine virtuelle Eröffnung.

Im Jahr 2024 ist die Eingemeindung 5 x 11

Einweihung der Straßenbahnlinie 10 zum Neubaugebiet Römerquelle 1977. Es gab Pläne, die Linie über die Waldthausenstraße am Rand des Ortes entlang weiterzuführen. Doch dazu kommt es nicht.

Von 1983 bis 2000 kürt der Deutsche Tennis Bund (DTB) im Tenniszentrum an der Römerquelle seine nationalen Tennis-Meister. Steffi Graf (re.) gewinnt 1984, 1985 und 1986 und erhält jeweils einen Opel, obwohl sie noch gar keinen Führerschein besitzt.

Jahre her, und seither ist Finthen stetig gewachsen. Nach 6375 Einwohnern 1969 wird schon zehn Jahre später der 10000. Finther geboren und 1992 die 14000 geknackt, während Finthen nun 15000 Einwohner hat. Möglich wird das durch die neuen Wohngebiete Katzenberg, Königsborn, vor allem aber durch die Römerquelle.

Die Satellitenstadt mit rund 4500 Einwohnern, die ursprünglich für 8000 geplant worden war, besteht aus einer Mischung von Großbauten und Einfamilienhäusern. Sie zeigt sich also etwas vielfältiger als die „Elsa" in Gonsenheim. Allerdings ist die Römerquelle im Gegensatz zur Gonsenheimer Siedlung recht weit vom alten Ort entfernt. In vielerlei Hinsicht.

Das Gutshaus des Layenhof, das Ende des 18. Jahrhunderts erbaut wird.

250 Finthen 10

Layenhof: Nachtjäger und ein Held

Wer heute vom Layenhof spricht, der meint ein Gebiet, eine Siedlung, einen einstmals angedachten Stadtteil, aber der Namensgeber selbst, das Gut Layenhof, ist abseits der historisch interessierten Gemeinde nicht mehr sehr vielen ein Begriff. Gibt es überhaupt noch jemanden, der den Layenhof als landwirtschaftlichen Betrieb erlebt hat? Das ist 85 Jahre her. Das Gut liegt einst weit draußen am Rand des Ober-Olmer Waldes, fast im äußersten Südwesten der Finther Gemarkung. Bis zu 500 Morgen, rund 125 Hektar, umfasst die Landwirtschaft des Layenhofs, der 1783 im Auftrag des Mainzer Domprobstes von der Leyen errichtet wird. Allzu lange hat die Kirche keine Freude an ihrem Besitz, denn bald kommen die Franzosen, dann die Säkularisation, aber für die katholischen Finther kommt´s noch schlim-

Karte von 1910, unten links der Layenhof. Der nahegelegene Münchwald wird Ende der 1930er-Jahre für die Anlage des Flugplatzes gefällt.

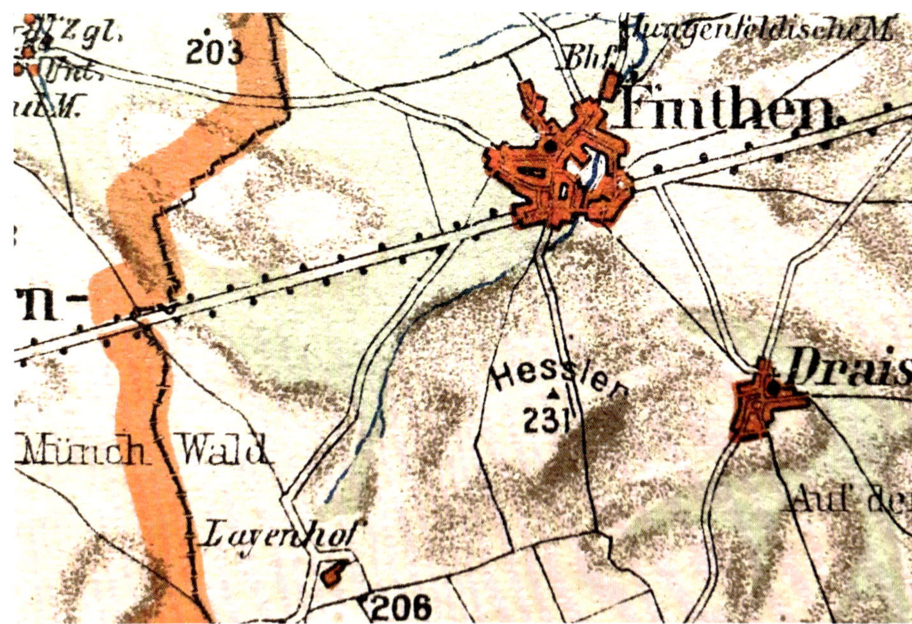

Das große Wirtschaftsgebäude des Gutshofs, Foto aus den 30ern-Jahren.

mer: Neuer Eigentümer wird ein auswärtiger Protestant, der den Pfarrer gern mit „Possen und Albernheiten" ärgert, wie es heißt.
Ab Mitte des 19. Jahrhunderts kommt es häufig zu Besitzerwechseln, bis 1905 Julius Fischer das Gut übernimmt und ausbaut. Ingo Schlösser listet im „Zeitspiegel" des Heimat- und Geschichtsvereins einige Gebäude auf: das alte Gutshaus mit Dachreiter, Verwaltergebäude, Villa für Besucher, Pferdeställe und ein riesiges Wirtschaftsgebäude aus Fachwerk mit mächtigem, hohem Krüppelwalmdach.
Ein stolzes Anwesen, aber die Wehrmacht hat im Zuge der Hochrüstung ganz andere Pläne. Sie will auf der Hochfläche südlich der Reichsstraße 9 einen Einsatzflughafen errichten, der bis an den Ober-Olmer Wald reicht und bis auf Wackernheimer Gemarkung. Der Flugplatz ist nicht zu verwechseln mit dem der Franzosen aus den 1920ern, der in Wackernheim auf dem Gelände der späteren Kasernen liegt.
Auf dem von der Luftwaffe ausgesuchten Gelände liegen nicht nur Felder und der Gutshof, sondern auch Finther Wald und Mönchwald, die ziemlich genau das heutige Flugplatzareal bedecken und bis 1939 abgeholzt werden.
Um das Vorhaben vor feindlichen Luftaufklärern geheim zu halten, betreibt die Luftwaffe eine Scheinlandwirtschaft, schreibt Heinz Leiwig in seinem Buch „Der Flugplatz am Layen-

Jagdflieger des „Pik As"-Jagdgeschwaders JG 53 in Alarmbereitschaft. Dahinter eine Messerschmitt Me 109 E-1, das damalige Standardjagdflugzeug der Luftwaffe. Auf dem Fliegerhorst Finthen liegen zu Beginn des Krieges 20 Me 109 der 7. und 8. Staffel der dritten Gruppe des Geschwaders (III./ JG 53), dessen Leithorst Wiesbaden-Erbenheim ist.

Eine Messerschmitt 110, vermutlich vom Zerstörergeschwader ZG 52, überfliegt Mainz, rechts unten sehr wahrscheinlich das Schlesische Viertel, damals Frontkämpfersiedlung.

hof bei Mainz-Finthen 1937-2017". Allerdings bleibt der Bau des Flugfeldes aller Tarnung zum Trotz nicht verborgen. Das Projekt heißt „Schafheide Ober-Olm", der Flughafen erhält später den Decknamen „Limonade", während die Zieleinweisung der britischen Luftwaffe das „Ober-Olm Aerodrome" unter der Codenummer GU 4200 führt.

Bei Kriegsbeginn liegen hier zwei Staffeln des „Pik As"-Jagdgeschwaders 53 mit 20 Maschinen vom Typ Messerschmitt Bf 109 E, kurz: Me 109. Nach den Jägern kommen während des Frankreichfeldzugs die Dornier Do 17 Z-2-Zerstörer nach Finthen, die den Vormarsch unterstützen. Mit einer Tonne Bomben an Bord kommen sie bis Reims, mit 750 Kilo bis Amiens und natürlich zurück. Im März 1942 stationiert man 30 Me 110-Nachtjäger, die in weiten Räumen über dem Reich und entlang der Einflugschneisen operieren.

Am 12. und 13. August kommen die britischen Bomber in zwei aufeinanderfolgenden Nächten auch nach Mainz. 68 Wellington Mk. II-Bomber, 27 Short Stirling, 33 Lancaster und 25 Halifax II haben 203 Tonnen Spreng- und 124 Tonnen Brandbomben an Bord. Dazu 27 der 1,8 Tonnen schweren Minenbomben – die Wohnblockknacker. Vernichtet werden Schusterstraße, Stadthausstraße, das Gebiet von St. Christoph bis zum historischen Zentrum des Brand, Teile der Ludwigsstraße, das Theater und der Gutenbergplatz. Das Dach des Doms brennt, er wird aber gerettet, während St. Stephan zerstört wird. In der zweiten Nacht sind 133 Kampfflugzeuge mit 239 Tonnen Bomben über Mainz, die Hafen und Neustadt treffen.

Die Finther Gruppe des Nachtjagdgeschwaders NJG 3 schießt zwar 16 britische Maschinen ab, aber bei der Masse der einfliegenden Flugzeuge können die Abschüsse den Bomberstrom nie aufhalten. Selbst wenn Männer wie die erfolgreichsten Finther Jagdflieger

Major Gerhard Friedrich, Kommodore des Nachtjagdgeschwaders NJG 6 und Stabsarzt Dr. Karl Buschmann 1943 auf dem Finther Flugplatz. Der Major, ein Großonkel von ZDF-Nachrichtenmoderatorin Gundula Gause, stirbt noch am 17. März 1945, als eine von ihm abgeschossene Lancaster ihn mit in den Tod reißt.

Oberst Günter Radusch und Oberleutnant Martin „Tino" Becker 64 bzw. 58 Abschüsse erzielen, Becker einmal sieben in einer Nacht, können sie die Vernichtung der Städte nicht verhindern.

Der Blutzoll der Nachtjäger ist hoch. Noch am 17. März 1945 fällt Major Gerhard Friedrich, Kommodore NJG 6, als er nach Abschuss einer Lancaster mit seiner Ju 88 in die Explosion der Bombenladung gerät und bei Bolan-

Das Flughafengelände am 23. März 1945, kurz nach dem Einmarsch der Amerikaner. Unten fünf Baracken, von denen vier im Krieg der Horst-Kompanie dienen, während die SS im rechten, hier nun abgebrannten Bau mehr als 200 Häftlinge zusammenpfercht.

Der Kontrollturm und die gesprengten Hangars nach der Besetzung durch die Amerikaner Ende März 1945.

den abstürzt. Er ist übrigens ein Onkel zweiten Grades von ZDF-Nachrichtenmoderatorin Gundula Gause. Als ein Finther Freund sie auf das Leiwig-Buch über den Finther Flughafen hinweist, wird sie darin von Fotos ihres Onkels überrascht.

Auch die britischen, kanadischen und US-Besatzungen erleiden furchtbare Verluste. Allein die Nachtjagd schießt 7500 Maschinen ab, wovon 400 auf die Finther Jäger entfallen. Bei den Abschüssen sterben die Bomber-Besatzungen meist, was rund 50000 Gefallene bedeutet. Es ist ein furchtbares Gemetzel. In der Luft wie am Boden. Heinz Leiwig beschreibt die tragischen Ereignisse in seinem Buch.

Der Fliegerhorst erlebt nicht nur das Grauen des Krieges, sondern auch den NS-Terror. Denn im Herbst 1944 richtet die SS ein Außenkommando ihres Sonderlagers Hinzert ein. Mehr als 200 Häftlinge aus Luxemburg, den Niederlanden und Italien werden in einer Baracke zusammengepfercht, die am Rand des Ober-Olmer Walds neben den vier Baracken der Fliegerhorst-Kompanie steht. Zum Vergleich: In den vier Luftwaffen-Baracken sind zusammen weniger Menschen untergebracht als in der einen für die Häftlinge.

Es sind Widerstandskämpfer, aber auch Zivilarbeiter, denen man Vergehen an ihren deutschen Arbeitsplätzen vorwirft. Sie müssen hier Bombentrichter verfüllen, Kanäle anlegen und in den Wald Schneisen schlagen. Schwere körperliche Arbeit bei mangelhafter Verpflegung, quälendem Hunger und ständiger Bedrohung durch die SS-Bewacher.

Schon beim Marsch vom Mombacher Bahnhof zum Flugplatz sollen drei Häftlinge, die Äpfel aufklauben, erschossen worden sein. Und zwei Luxemburger Häftlinge berichten später, dass auch ein Finther Bauer einen Lagerinsassen erschießt, als er ihn beim Organisieren von Kartoffeln erwischt. Unter der Platzbesatzung wie unter der Bevölkerung gibt es solche und solche Menschen. Manche beschimpfen die Häftlinge oder liefern Entflohene im Lager ab, vielen ist es egal, und ganz wenige andere, wie etwa ein Luftwaffenarzt, helfen.

Auch der Draiser Georg Spettel gehört zu den wenigen Mutigen, die für die Menschlichkeit ein hohes Risiko eingehen: Er steckt den Häftlingen im Außeneinsatz Essen zu, aber mehr noch: Als ein Luftwaffenkoch den Häftlingen im März 1945 zuflüstert, dass sie ins KZ Buchenwald gebracht werden sollen, fliehen 30 in den Wald und zwei Holländer zu Bauer Spettel. Er versteckt sie auf seinem Hof An den 18 Morgen in der Scheune bis fünf Tage später die Amerikaner kommen. Georg Spettel ist ein Held. Denn jedem, bei dem man geflohene Häftlinge entdeckt, droht KZ oder das Fallbeil.

Die Baracken im Wald sind längst verschwun-

Der Flugplatz 1945 in Aufnahmen eines US-Soldaten: Hinter dem Flugabwehr-MG sieht man die Zelte der amerikanischen Flugplatzbesatzung. Ein US-Soldat betrachtet Trümmer, während hinter dem Steuer des Willys-Jeeps ein fröhlicher GI sitzt.

den, aber ein Name kündet von Elend und Terror: Jean-Pierre Jungels. Der Luxemburger wird trotz Erkrankung von der SS zu Schwerstarbeit gezwungen, stirbt am 29. November 1944 an den Folgen. Eine Straße am Westrand von Finthen ist nach ihm benannt.

Als am 27. Februar 1945 Mainz vernichtet wird, ist die Luftverteidigung längst zusammengebrochen, und am 16. März werden die Anlagen des Flugplatzes gesprengt. Vier Tage später besetzen ihn Soldaten des 358. Regiments der 90. US-Infanteriedivision. Bald darauf kommen die Finther, um alles nach Brauchbarem zu durchsuchen. Laut Heinz Leiwig haben die Aluminiumrohre der Treibstoffpipeline von Heidesheim nach Finthen noch lange Jahre gute Dienste bei der Bewässerung der Felder geleistet.

Vor den zerstörten Hallen sieht man die für kurze Zeit stationierten US-Jäger vom Typ P 51 Mustang.

251 Finthen 11

Trikolore und Sternenbanner

Als die US-Army im März 1945 erst in Oppenheim, dann auch in Mainz über den Rhein geht, schweigen in der Stadt zwar die Waffen, aber in Finthen hebt wieder militärischer Lärm an. Die United States Army Air Force (USAAF) reaktiviert den Platz und für knapp drei Monate sind Luftaufklärer P-38 Lightning und P-51 Mustang auf dem provisorisch wiederhergestellten Fliegerhorst stationiert, dann Jagdbomber P-47 Thunderbolt. Die unterstützen den Vormarsch der US-Truppen, verbreiten aber auch Terror, wenn sie mangels anderer Ziele Fußgänger und Radfahrer auf den Straßen jagen oder Bauern auf den Feldern töten.

Kaum ist das Sternenbanner eingeholt, weht die Trikolore über dem Platz. Und die Franzosen richten sich für längere Zeit ein. Sie setzen Gebäude instand, asphaltieren die Graslandebahn und richten eine Flugschule für Artillerieflieger ein. Diese ist erst auf dem alten französischen Flugplatz aus den 1920ern in Wackernheim angesiedelt, zieht dann aber nach Finthen.

Als Anfang der 1950er der Indochinakrieg mehr und mehr französische Kräfte bindet, verlassen weite Teile der französischen Truppen im Sommer 1951 Mainz und werden, wie in der Gonsenheimer Caserne Mangin, später Lee Barracks, durch Amerikaner ersetzt. Den Flugplatz geben die Franzosen aber erst 1958 auf, dann wird die Flugschule ins südwestfranzösische Dax verlegt.

Landwirtschaftlichen Betrieb gibt es auf dem Gebiet des Layenhofs nur noch von 1946 bis

Aus dem Einsatzflughafen der Luftwaffe wird im März 1945 das Airfield Ober-Olm, Advanced Landing Ground Y-64. Die 354. Fighter Group hat hier ihr Hauptquartier.

1950, und mit dessen Ende beginnt der Verfall des Gutshauses. Angeblich führen die Franzosen dort Übungen im Häuserkampf durch, auf jeden Fall zeigen Fotos vom Ende der 1950er, dass das Gebäude damals schon fast ruiniert ist. Eines dieser Fotos stammt von einer Übung einer US-Raketeneinheit 1957, die Amerikaner benutzen das Gelände also schon, als die Franzosen noch da sind.

Und noch einen anderen Nutzer gibt es: den 1952 wiedergegründeten Luftfahrtverein Mainz, der im Südteil des Platzes den Betrieb aufnehmen darf. Dafür steht dem Verein ein eben erst entwickeltes doppelsitziges Segelflugzeug Focke-Wulf Kranich III zur Verfügung, ein Schulgleiter SG 38 von 1938, und bald auch ein sogenannter Doppelraab, ein zweisitziges Ausbildungssegelflugzeug.

Ingo Schlösser und Heinz Leiwig sind mit unterschiedlichen Schwerpunkten Chronisten des Layenhofs und des Flugplatzes. Sie haben all diese Details zusammengetragen, vor allem die vielen militärischen aus der Kriegs- und Nachkriegszeit, und sie berichten lückenlos über das, was die Finther und die anderen Anrainer, die Wackernheimer, Draiser und später die Lerchenberger, über Jahrzehnte vor allem durch den Fluglärm mitbekommen. Zur Zeit der Amerikaner ist das vor allem der Rotorenklang der Hubschrauber, das typische „Teppichklopfer"-Geräusch.

Eine Redwood-Mittelstreckenrakete 1958 in Wackernheim, mit der schon im Vorjahr auf dem Airfield geübt wird, als der Platz noch in den Hände der Franzosen ist.

Als 1961 die ersten US-Einheiten offiziell auf dem Finther Flugplatz stationiert werden, sind vor allem Transport-Helikopter der Army vom Typ Sikorsky stationiert, hier ein S-58.

1973 wird auf dem Airfield der CH-54 A Sky Crane mit der Nummer 68-18461 in Anwesenheit von OB Jockel Fuchs auf den Namen Mainz getauft.

1961 werden die ersten US-Einheiten offiziell hier stationiert, vor allem Transport-Helikopter der Army vom Typ Sikorsky S-58 (militärisch H-34) und S-56 (H-34). Später kommen noch die seltsam dürren, aber ungemein kräftigen CH-54 A „Sky Crane / Himmelskräne" hinzu und die unvergessenen CH-47 „Chinook", die ob ihrer Form gern „Bananenhubschrauber" genannt werden. Es sind Transporthelikopter mit zwei Rotoren, die einmal im Jahr auf dem Rheinarm zwischen Rettbergsaue und Mombacher Ufer spektakulär das Landen auf dem Wasser üben.

1973 wird Sky Crane 68-18461 in Anwesenheit von Jockel Fuchs auf den Namen Mainz getauft. Er ist im Vietnam-Einsatz, bevor er in Mainz stationiert wird, geht später an die zivilen Columbia Helicopters in Oregon, bevor er vor zwanzig Jahren bei einem Löscheinsatz auf Korsika abstürzt. Da trägt der Himmelskran aber

Ein Bell UH-1 von den Heeresfliegern der 8. US-Infanterie-Division. Die „Huey" werden vor allem durch ihre Einsätze in Vietnam bekannt, später auch durch beeindruckende Szenen in Hollywoodfilmen Vietnam-Filme wie „Apocalypse now".

Luftaufnahme zu Zeiten des Airfields mit den ab Mitte der 1960er-Jahre errichteten Wohnhäusern der Housing Area.

schon lange nicht mehr das Mainzer Wappen.
Auch Kampfhubschrauber gibt es in Finthen. Es sind die Heeresflieger der 8. Infanterie-Division, die bis zum Ende des Airfields 1993 dort stationiert sind. Rund 80 Bell „Huey", „Cobra" und „Kiowa" gehören zu den Attack Companies, und der Autor erinnert sich. wie in den 1970ern und 1980ern fast täglich des Nachmittags eine Kette Kampfhubschrauber von Finthen herkommend zwischen Drais und Lerchenberg gen Süden fliegt. Unter lautem Knattern.

Richtig aufgeregt hat sich damals zumindest auf dem Lerchenberg kaum einer. Da kommen vom Airfield damals teils tagelang noch ganz andere Geräusche, aber dazu mehr in der nächsten Folge.

Die Amerikaner bauen ihren Flugplatz mit den Jahren aus. Dazu gehören nicht nur militärische Anlagen, Hangars und Werft, sondern auch eine Housing Area mit Theater, Apotheke, Laden, während das alte Gutshaus des Layenhof langsam, aber unaufhaltsam zerstört und schließlich 1968 abgerissen wird.

Ist das Gelände für die Landwirte lange passierbar, so zäunen sich die Amerikaner die letzten Jahre weitgehend ein. Als 1986 auf die Berliner Diskothek „La Belle", die von vielen US-Soldaten besucht wird, ein Anschlag verübt wird, für den Libyen verantwortlich ist, starten die USA unter Präsident Reagan Luftschläge gegen den nordafrikanischen Staat und verstärken den Schutz ihrer Einrichtungen in aller Welt. Das Airfield wird abgeriegelt, und ab

Der geplante Stadtteil Layenhof, oben diagonal die Straße nach Wackernheim. Die roten Quadrate zeigen von oben nach unten: Kultur im Hangar, Grundschule, Gymnasium und Friedhofskapelle, während das Oval das Bürgerzentrum markiert.

sofort brauchen die Landwirte Passierscheine, wenn sie den kürzesten Weg zu ihren Feldern nehmen wollen.

Als 1990 der Konflikt mit dem Irak und 1991 der Golfkrieg beginnt, verbarrikadieren sich die Amerikaner wieder, insbesondere die bislang offenen Housing Areas. Doch bald nach Rückkehr der Truppen aus dem Irak beginnt schon der Abzug. 1992 wird in Finthen Abschied gefeiert, fast hundert Hubschrauber werden abgezogen, und im Jahr darauf sind auch die letzten Soldaten vom Airfield verschwunden.

Nach dem Abzug der Amerikaner scheint der Layenhof eine große Zukunft zu haben, doch die lässt bis heute auf sich warten. Wobei vielleicht gerade der Zustand heute, diese Mischung aus Flugplatz, Wohnen und Gewerbe, umgeben von einem Naturschutzgebiet für manchen viel erstrebenswerter ist als die Planung von einst. So ist die Einrichtung eines Regionalflughafens im Gespräch und entgegengesetzt dazu ein Stadtteil für über 10000 Bewohner.

Da eine Anbindung nur Richtung Wackernheim/Ingelheim und durch Finthen nach Mainz existiert, fürchten die Finther, dass sich beim Bau eines Stadtteils der komplette Verkehr über Flugplatz- und Kurmainzstraße durch ihren Ort quält. Weil die geforderte neue Autobahnausfahrt nicht kommt und sich der Kreis gegen die Anbindung über die alte Straße

Das Gutshaus in der vollen Blüte des Layenhof vor dem 1. Weltkrieg und unmittelbar vor seinem Abriss 1968. Das Gebäude dient vorher auch Häuserkampfübungen.

durch den Ober-Olmer Wald sperrt, wird aus dem Stadtteil nichts. Auch wenn Ortsvorsteher Herbert Schäfer mit OB Weyel schon mal ein Ortsschild Layenhof aufstellt. 2019 holt OB-Kandidat Nino Haase die Idee nochmals hervor, 2023 abermals – aber ohne Lösung der Verkehrsanbindung bleibt das Thema in der Schublade.

So wie andere Ideen auch: Der damalige Draiser Ortsvorsteher Norbert Schüler bringt Anfang der 1990er ein „Lebendes Museum" mit traditionellen Anbau- und Viehhaltungsmethoden ins Spiel, ebenso eine Wiederaufforstung. Und 2012 ist gar ein Rock-Festival im Gespräch, nachdem „Rock am Ring" den Nürburgring verlassen will. Das ruft Empörung hervor, ebenso ein im gleichen Jahr laut gewordener angeblicher Wunsch der US-Army, auf dem Layenhof wieder ein Übungsgelände zu betreiben. Der Aufschrei ist groß, erstirbt aber alsbald in einem knappen Dementi des US-Hauptquartiers.

Was bleibt: Der Flugbetrieb auf dem Flughafen. Von 1993 bis 2008 betreibt der Luftfahrtverein den Verkehrslandeplatz, seit 2008 eine Betriebs-GmbH, die 2010 einen neuen Tower errichtet. Zwei Landebahnen, eine Gras- und eine Asphaltbahn, Flugschulen, Werft, Hangars gehören zum Flugplatz, der immer wieder mal wegen des Fluglärms angegangen wird, Aber wie sagt einmal der langjährige Finther Ortsvorsteher Herbert Schäfer zu diesem Thema: „Der Flugplatz gehört zu Finthen wie der Dom zu Mainz."

Die Bühne für den Papst ist 20 Meter hoch, damit man ihn auch aus großer Entfernung gut sehen kann.

252 Finthen 12

Papst, PS und Tina Turner

Zum Abschluss unserer zwölf Finther Stadtspaziergänge wird es noch mal laut, schmutzig und ziemlich katholisch. Es geht um Großereignisse und Menschenmassen, wie Mainz sie sonst nur am Rosenmontag erlebt, die aber auf dem Airfield stattfinden: Autorennen, Flugshows, eine Papst-Messe und zwei Rock-Festivals. Wobei eines dieser Ereignisse auf tragische Weise sein Ende findet.
Schon drei Jahre nach der Flugplatz-Übernahme durch die US-Army findet dort 1964 das erste Autorennen statt. Und trotz aller Sicherheitsaspekte dürfte es nicht schwer gewesen sein, die autoverrückten Amerikaner davon zu überzeugen. Ab 1967 richtet der eben gegründete Motorsport-Club Finthen das mehrtägige Flugplatzrennen aus.
Jedes Mal kommen über 20.000 Zuschauer zu den Rennen in den unterschiedlichen Auto- und Motorradklassen: etwa Formel 3, Tourenwagen, Beiwagen- und 500-ccm-Bikes, von flinken NSU TT und Fiat Abarth bis zu Porsche 906 und den DTM-Boliden. Fürs leibliche Wohl sorgen die US-Soldaten mit Burger, Steaks und Ice Cream. Es ist ein deutsch-amerikanisches Volksfest im Zeichen röhrender Motoren, deren Lärm der Wind über den Ober-Olmer-Wald hinweg bis zum Lerchenberg weht.

Seit den 1960er-Jahren locken die Flugplatzrennen alljährlich zu Pfingsten Massen an Rennsportfans an. Hier eine Szene aus den 80ern mit einem Porsche.

Es ist ein Event mit großen Rennfahrernamen wie Klaus Ludwig, Dieter Quester, Hans-Jochen Stuck, Prinz von Bayern, Bob Wolleck, Rolf Stommelen und dem Mainzer Manuel Reuter. Doch 1990 ist Schluss mit dem motorisierten Volksfest im Finthodrom, auch weil die Auflagen immer strenger werden.
Der Motorsport ist also über Jahrzehnte zu Gast, während die damals so beliebten Flugshows nur zwei Mal veranstaltet werden, 1976

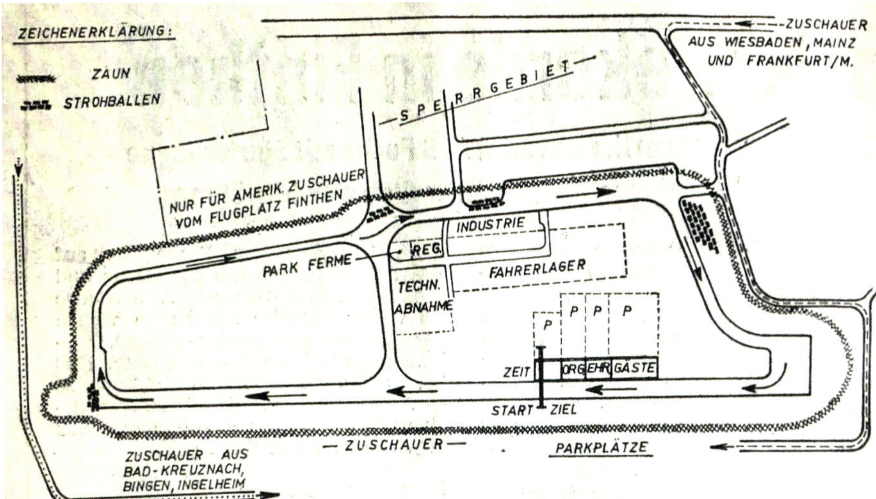

Mit 250 Startern stellt das dritte internationale Flugplatzrennen des Wiesbadener „Hesse Motor Sports Club" am Samstag und Sonntag in Finthen bei Mainz alle Teilnehmerrekorde deutscher Flugplatzrennen in den Schatten. Bei den schnellsten Fahrzeugen wird es zu einer Auseinandersetzung zwischen den beiden Porsche-Spitzenfahrern Gerhard Mitter (Leonberg) und Ben Pon (Holland) kommen. Neben dem Roßbergsieger, der auch in Finthen mit einem Gipsbein fahren muß, gehören in der von Porsche beherrschten Zwei-Liter-Sportwagenklasse Pons Landsmann van Lennep und der Kölner Rolf Stommelen zu den Favoriten. Unsere Skizze zeigt den Streckenverlauf in Finthen.

Programm für das Flugplatzrennen 1966 und ein Lageplan des Areals sehr wahrscheinlich aus dem gleichen Jahr. Die US-Zuschauer vom Flugplatz haben einen eigenen abgesperrten Bereich.

Ein tragischer Vorfall beendet 1977 die Zeit der Flugshows auf dem Finther Flughafen. Eine Mustang P-51 stürzt bei einer Flugvorführung mit einem jungen Gast aus Mainz an Bord in den Ober-Olmer Wald, beide Insassen sterben.

und 1977. Damit ist Schluss, nachdem sich am Sonntagnachmittag, 3. Juli 1977, ein tragischer Flugunfall ereignet. Der bekannte britische Flieger Ormond Hayden-Baillie startet am Nachmittag mit seiner zweisitzigen P-51 Mustang mit Namen I-Bill und hat noch einen 16-jährigen Bretzenheimer an Bord. Nach einem Tiefflug über den Platz dreht der Pilot zum Ober-Olmer Wald ab und verschwindet. Kurz darauf ein Knall. Die Mustang ist in den Wald gestürzt, beide Insassen sind tot.

Der Unfall wird untersucht, und wahrscheinlich ist die Maschine nach einer sogenannten Torque Roll, einer Drehung um die eigene Längsachse, außer Kontrolle geraten. Möglicherweise, so heißt es, könnte eine Verkettung unglücklicher Umstände dazu geführt haben. Zumal der Brite die P-51 erst zwei Wochen besitzt. Nach dem tragischen Unfall gibt es nie wieder eine Flugshow dieser Art in Finthen.

Die Autorennen und die Flugshow ziehen jeweils Zehntausende an, allein zu den Rennveranstaltungen kommen über die Jahrzehnte Hunderttausende. Doch das schafft ein anderes Ereignis an einem einzigen Tag: die Messe mit Papst Johannes Paul II. am 16. November 1980. Der Pole ist gerade zwei Jahre im Amt, als er nach Mainz zurückkehrt, das er als Kardi-

nal von Krakau mehrfach besucht hat. Obwohl es November ist und der Flugplatz schon seit der Luftwaffen-Zeit als äußerst windanfällig gilt, nimmt man das Airfield als Ort der Messe, weil es keinen anderen Ort dieser Größe in Mainz gibt.
500.000 Menschen werden erwartet, aber es werden „nur" halb so viele. Doch das ist nicht der Grund dafür, dass der Tag für manchen Finther und noch mehr reisende Händler zum Fiasko wird. Denn sie spekulieren auf hungrige und durstige Pilger, die durch den Ort strömen, auf glühende Gläubige, die dringend noch ein T-Shirt, ein Poster oder eine Papst-Postkarte brauchen. Aber nicht nur, dass Zehntausende mit Bussen am Ort und all den Ständen vorbei gekarrt werden, die anderen Besucher haben ebenfalls kein Interesse.
Auch Thomas und Uli D. vom Katzenberg träumen vom Geld der Gläubigen, heuern bei einem Händler an, der ihnen je 500 metallic-glänzende Papst-Postkarten gibt, mit denen sie stundenlang bei Wind und Wetter durch Finthen und zum Airfield laufen. Der Verkauf der beiden: 11 Stück á 5 D-Mark, eine davon kauft ihnen die eigene Großmutter ab … Nun können die beiden am Abend ihre Postkarten wieder abgeben, während es in anderen Fin-

Mit solchen Plakaten wird im ganzen Land für die Papstmesse auf dem Airfield geworben. Dieses Exemplar hängt einst in einem Ludwigshafener Schaufenster.

Besucher der Papstmesse: Vorn, der zweite von links, ist Johannes Gerster, langjähriger Mainzer CDU-Bundestagsabgeordneter, rechts hinter ihm, im weißen Mantel mit Hut, sitzt der Mainzer Sozialdezernent Karl Delorme, später für die SPD im Bundestag.

Finthen Rock City: Das Festivalgelände verfügt über zwei Bühnen und einen riesigen Campingplatz.

ther Familien wochenlang nur noch Bratwurst und Glühwein gegeben haben soll.
Während die gestählten Katholiken dem Novemberwetter tapfer trotzen, sind Hardrock- und Heavy-Metal-Fans wetterfühliger und bevorzugen den sonnigen Spätsommer. Und so geht das durch Europa tourende „Monsters of Rock"-Festival 1991 am 7. September über die Airfield-Bühne, mit einem großartigen Line-up: Queensryche, Black Crows, Mötley Crüe, Metallica und AC/DC.
Um die 70.000 Besucher sollen es gewesen sein, und obwohl die Finther Landwirtschaft schwere Schäden erleidet, findet zwei Jahre später schon das nächste Open-Air-Festival statt. Diesmal sogar drei Tage lang, bietet „Rock over Germany" eine zwar etwas wüst zusammengestellte, aber durch und durch prominente Besetzung: Orchestral Manoeuvres in the Dark, Chris de Burgh, Joe Cocker, Foreigner, Rod Stewart, Prince und Tina Turner. Das alles gibt es für 73 Mark beziehungsweise 50 Dollar. In der Facebookgruppe einst hier stationierter US-Soldaten wird gern an jene Tage erinnert.
Es gibt kein weiteres Festival mehr auf dem Airfield, aber noch ein bisschen ZDF-Musik. Der Sender will Mitte der 1990er sein Publikum verjüngen, erfindet das TV-Format „Power Vision", für das eigens der MediaDrom auf dem Flugplatz gebaut und Ende November 1995 eröffnet wird. Die aufblasbare Halle bietet zwei Bühnen und Platz für 4000 Besucher. Und das Zweite verspricht nicht weniger als ein „musikalisches Beben". Die Shows werden nicht live ausgestrahlt, sondern aufgezeichnet: „Deutsch pur" mit Sabrina Setlur alias Schwester S., Pur, Udo Lindenberg, Illegal 2001, BAP und Groove Minister, „Alternative Rock" mit Fury In The Slaughterhouse und Alanis Morissette oder „Dancecharts".
Das Medienmagazin „quotenmeter.de" schreibt in seiner Rubrik „Fernsehfriedhof" über die Dancecharts-Show, dass diese „den Zeitgeist der Generation Love Parade am besten einfing". Dune, Captain Hollywood, Masterboy, Paul Elstak, T-Spoon, Just Friends, Magic Affair, The Real McCoy, Worlds Apart, Daisy Dee, Culture Beat, DJ Quicksilver, N-Trance, RNB und Scooter stehen mit Vollplayback auf den Bühnen des MediaDrom.
„Dort boten sie all das, was die 90er aus heutiger Sicht ausmachte: Sinnfreie Texte mit einfach gestrickten Melodien zu donnernden Beats. Dazu spulten bauchfreie Girlies, die sich in hautengen Leggins um die DJs und ihre überflüssigen Plattenpulte rekelten, anzügliche, aber unmotivierte Choreografien ab. Exzessive Strobo-Lights, wackelnde Kameraeinstellungen und extrem rasante Schnitte sorgten fürs

Welch ein Line up beim drei-Tage-Festival 1993 auf dem Airfield. Und das Ganze für 73 D-Mark. Tina Turner ist Headliner am zweiten Tag von Rock over Germany.

passende Umfeld. Kurz, es war bunt, grell und herrlich trashig."

Die angepeilten Fans hören aber zur Sendezeit in der Nacht auf Samstag Musik lieber in den Clubs statt daheim am Fernseher. So schalten immer nur ein paar Hunderttausend Zuschauer ein, und nach einer Oldienacht mit Thommy Ohrner ist schon vier Monate nach der Einweihung Schluss mit „Power Vision" und MediaDrom. Dem ZDF hat es wenig geholfen: Das Durchschnittsalter der Zuschauer ist mittlerweile von 54 auf 58 Jahre gestiegen. Und das MediaDrom? Es wird an verschiedenen Orten aufgebaut, und irgendwann verliert sich seine Spur.

Das MediaDrom des ZDF, das eigens für ein neues TV-Musikformat auf dem Flugplatz errichtet wird, aber wegen zu geringen Zuspruchs der Fernsehzuschauer bald wieder ausgedient hat.

Schöne nachkolorierte Überblicksaufnahme vom Draiser Schulhaus aus.

253 Drais 1

Der kleinste Mainzer Stadtteil hat eine 875-jährige Geschichte

Barock und etwas Neugotik, stattliche Höfe in Bruchstein aus dem 19. Jahrhundert, gelber Klinker ab 1900 – auch wenn es im alten Teil von Drais Neubauten und Überformungen alter Strukturen gibt, so lässt sich die schrittweise Entwicklung des Ortes immer noch sehr schön ablesen. Denn die Draiser haben es geschafft, den dörflichen Charakter zu erhalten. Was aber aus dem Ort geworden wäre, wenn die Ausbauideen der Stadt nach der Eingemeindung 1969 realisiert worden wären? Man will es lieber nicht wissen.
So ist Drais trotz verschiedenen Neubaugebieten der kleinste Mainzer Stadtteil geblieben und im baulichen Kern noch das Dörfchen von einst, das von 1890 bis zum 2. Weltkrieg kaum über 550 Einwohner hat. Dafür ist der erste Zuwachs dann gleich ein gewaltiger Sprung, als Drais 1950 durch ausgebombte Mainzer und zugewiesene Flüchtlinge plötzlich 43 Prozent mehr Einwohner zählt als 1939. Und das zunächst noch ohne Neubauten. Für die damaligen Verhältnisse im Umfeld der zerstörten Städte ist so ein Einwohnerzuwachs in jenen Zeiten nicht ungewöhnlich, aber für die Neuankömmlinge wie für die Einheimischen ist diese Situation nicht einfach.
In solchen Dörfern ist man über Jahrhunderte

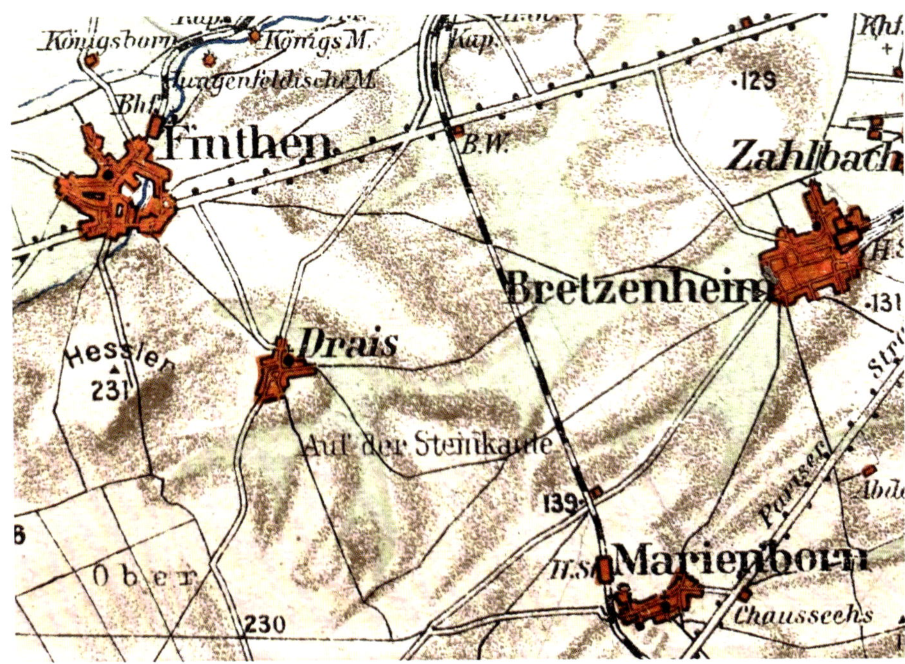

Ausschnitt aus einer Karte des Landkreises Mainz für Schüler um 1910.

Das einstige Jesuitengebäude in der Seminarstraße, hier in seiner Zeit als Knabenerziehungsanstalt. Später wird der Bau Priesterheim, Kriegslazarett, Altenheim. Heute befindet sich hier ein Hospiz.

unter sich, allenfalls heiratet mal jemand ein oder ein Knecht von außerhalb wird hier seßhaft. Aber sonst verändert sich an der Bewohnerstruktur wenig. In Drais sind das bis 1949 exakt 800 Jahre, gerechnet ab der ersten Erwähnung am 24. August 1149. Da weist eine Urkunde von König Konrad III. den Ort „Treise" als Besitz der Propstei Hirzenach am Rhein aus. Der Name leitet sich vom germanischen „thrais" ab, was laut Rita Heusers Standardwerk „Namen der Mainzer Straßen und Örtlichkeit" so viel wie sprudeln, wallen oder wirbeln bedeutet und auf die Quellen des Ortes hinweist. Eine davon speist vor 2000 Jahren die römische Wasserleitung.

Der Ort entsteht im Zuge der Seminar-/ehe-

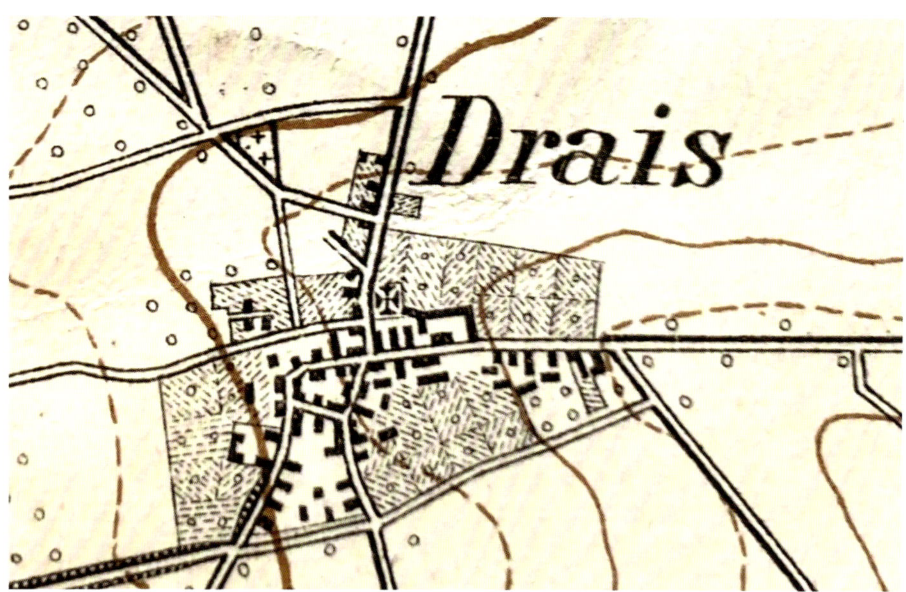

Karte von 1902: nach rechts die Bretzenheimer Straße, heute Seminarstraße und teils überbaut, nach oben mittig die Mainzer, heute Daniel-Brendel-Straße.

mals Bretzenheimer Straße und Ober-Olmer-/ ehedem Ludwigstraße sowie ein Stück die Daniel-Brendel-Straße entlang, einstige Mainzer Straße. Gründungskern ist hierbei der Klosterkomplex der Hirzenacher, die geschichtsträchtigste Örtlichkeit von Drais.

1670 geht die Anlage für 2000 Reichstaler an die Jesuiten, die 1740 den Komplex mit Wohnhaus, Stallungen und Zehntscheune erbauen, wobei Letztere einen einzigartigen hängenden Dachstuhl besitzt, so Architekt und Stadtplaner Dr. Rainer Metzendorf, der die Baugeschichte des Orts erforscht. Nachdem der Orden aufgelöst wird, geht der Hof an Familie Stenner, die Ende des 19. Jahrhunderts einen Teil des Komplexes mit dem langgestreckten Wohnhaus an Prälat Forschner verkauft, der das Gebäude gotisierend mit Treppengiebel umbaut und eine katholische Knabenerziehungsanstalt einrichtet. Ab 1923 folgt die Nutzung als Priesterheim, Kriegslazarett, Ausweich-Altenheim für das zerbombte Invalidenhaus, dann reguläres Altersheim unterschiedlicher Träger, bis 2002 im Barockbau das Hospiz eröffnet wird. Eine segensreiche Einrichtung.

Die Seminarstraße heißt einst Bretzenheimer Straße, weil sie in Verlängerung dorthin führt und weiter nach Mainz. Somit ist sie die alte Hauptstraße des Dorfes, die dann (über heutige Dorf- und Ober-Olmer-Straße) wieder hinausführt Richtung Großwinternheim beziehungsweise Nieder-Olm. Auf diese Straßen und die untere Daniel-Brendel-Straße beschränkt sich die Bebauung. Erst Mitte des 19. Jahrhunderts beginnt eine Ausdehnungsphase an der Friedhof- und Lerchenbergstraße sowie die Daniel-Brendel-Straße hinauf. Nun steigt die Einwohnerzahl auf über 400.

Drais besitzt eine Saalkirche aus der Zeit der Hirzenacher, die von den Jesuiten verändert (Fenster, Türmchen), aber nicht neu erbaut wird, wie es laut Rainer Metzendorf in alten Bauakten steht. Der Ort ist aber so klein, dass er ab 1797 nurmehr Filialkirche von Finthen ist, bis 1952. Die Pfarrei trägt den heute fremd klingenden Namen „Petrus in Ketten", doch streicht das 2. Vatikanische Konzil das entsprechende Patronatsfest aus dem „Calendarium Romanum Generale". Daher erhält die Pfarrei am 1. Oktober 1974 den Namen „Maria Königin".

Klosterhof und Kirche sind Gebäude besonderen Charakters, während das alte bäuerliche Drais in den großen Höfen aus Bruchsteinmauerwerk lebt. Die Lerchenbergstraße 1, ehemals Gutshof der Petersherren, wird 1840 entsprechend umgebaut. Ein ungewöhnlich großes Gebäude mit fensterreicher Giebelseite, acht Achsen zur Ober-Olmer-Straße und vier Rundbögen im Erdgeschoss, die den einst integrierten Viehstall markieren. Bald darauf entsteht der Bruchsteinbau Seminarstraße, den die Familie Stenner auf dem nicht verkauften Teil des Jesuitenkomplexes errichtet. Die Kalksteine stammen aus der Steinkaute in der südwestlichen Gemarkung, etwa an der heutigen Einfahrt zum Lerchenberg, der Sand aus der Sandkaute.

Um 1900, zur Amtszeit des Bürgermeisters Johann Schüler III., kommen Klinkerbauten auf, eine städtische Bauweise, wie überhaupt damals der Fortschritt Einzug hält in Drais. 1902 Anschluss Wasserwerk Finthen, 1903 Telefon, 1909 Straßenbeleuchtung und Bau einer Mühle auf dem Dorfplatz, die aber schon 1930 wieder abgerissen wird. Dass es aufwärts geht, zeigt auch die Zahl der Knechte und Mägde, die bis 1914 auf 42 steigt, denn nun erwirtschaften die Landwirte so viel, dass sie Gesinde einstellen können. Das Einzige, was der Ort trotz allen Fortschritts lange nicht bietet: einen Arzt.

Seit dem 18. Jahrhundert hat man zwar eine eigene Hebamme im Dorf, aber ansonsten gibt es nur Verträge mit Ärzten aus Gonsenheim oder Mainz, die gegen Reisevergütung Patienten hier besuchen. Noch in den 1960ern und 1970ern kommt Dr. Jakob Hach, ein gebürtiger Draiser mit Praxis in Finthen, über den Berg, fährt im Zweifelsfall Patienten mit seinem

Die Draiser Kirche noch ohne das in den 1930er-Jahren angebaute Seitenschiff.

Schöne Lithographie-Ansichtskarte um 1900 mit dem „Mainzer Hof", später „Draiser Hof", Kirche und Kriegerdenkmal. Sogar die Knabenerziehungsanstalt findet man einst zeigenswert.

Das Gasthaus Frenz, im Ortskern schräg gegenüber vom „Draiser Hof", wird bereits um 1930 aufgegeben.

Fahrplan der Linie B: (Mainz über Bretzenheim—Marienborn oder Drais nach Ober Olmer Forsthaus—Essenheim—Elsheim Stadecken--Nieder Olm)

W	S	Fr	W	*	W = Werktags, Fr = Freitags S = Sonntags, * = täglich	W	Fr	W	S	*
—	11^{07}	—	13^{18}	17^{52}	↓ Niede Olm Bahnhof . ↑	9^{50}	—	14^{35}	15^{45}	20^{36}
6^{38}	11^{12}	—	13^{23}	17^{57}	Nieder Olm Kirche .	9^{45}	—	14^{30}	15^{41}	20^{34}
6^{45}	11^{25}	11^{25}	13^{36}	18^{10}	Stadecken	9^{33}	11^{25}	14^{17}	15^{28}	20^{21}
6^{49}	11^{29}	11^{29}	13^{40}	18^{14}	Bf. Elsh.-Stadecken .	9^{29}	11^{22}	14^{13}	15^{24}	20^{17}
6^{54}	11^{34}	11^{34}	$13^{\ 5}$	18^{19}	Elsheim	9^{25}	11^{20}	14^{09}	15^{22}	20^{14}
7^{07}	11^{47}	11^{47}	13^{56}	18^{32}	Essenheim	9^{13}	11^{12}	13^{57}	15^{11}	20^{02}
7^{16}	11^{56}	11^{56}	14^{02}	18^{41}	Ober Olmer Forsthaus	9^{04}	11^{03}	13^{47}	15^{04}	19^{51}
7^{25}	12^{04}	12^{04}	14^{10}	}	Drais.	}	10^{55}	13^{39}	}	19^{43}
}	}	}	}	18^{51}	Marienborn	8^{52}	}	}	14^{52}	}
}	}	}	}	$18^{\ 8}$	Bretzenheim	8^{44}	}	}	14^{43}	}
7^{40}	12^{19}	12^{19}	14^{25}	19^{07}	Mainz Hauptbahnhof .	8^{36}	10^{36}	13^{20}	14^{35}	19^{25}
7^{45}	12^{25}	12^{25}	14^{30}	19^{12}	↓ Mainz Höfchen . . . ↑	8^{30}	10^{30}	13^{15}	14^{30}	19^{20}

Fahrscheine ab Mainz Hauptbahnhof nach:

Bretzenheim . .	0.30 *RM*	Ober Olmer Forsth.	0.70 *RM*	Stadecken . . .	1.40 *RM*
Marienborn . .	0.60 „	Essenheim . . .	1.00 „	Nieder Olm . .	1.80 „
Drais	0.50 „	Elsheim	1.20 „	Vom Höfchen 10 Pfg. mehr.	

Gepäck bis 15 kg und 6 Taxgrenzen 20 Pfg. *Kinder unter 4 Jahren* in Begleitung Erwachsener *frei*. *Kinder bis zu 14 Jahren* die Hälfte der Fahrpreise aufgerundet auf volle 10 Pfg. Für jeden *Hund* ist derselbe Fahrpreis zu zahlen, wie für eine Person. *Fahrräder* für alle Entfernungen 40 Pfg. — Die mit Lederpolsterung versehenen Wagen sind geheizt und elektrisch beleuchtet.

Bei Fußball-Wettspielen fahren die Omnibusse 2 Stunden vor Spiel-Beginn je nach Bedarf alle 4—7 Minuten vom Münsterplatz und vom Hauptbahnhof nach dem Fort Bingen. *Fahrpreis* pro Person 20 Pfennig.

Bei Kirchweih-Festen, sportlichen und sonstigen Veranstaltungen in der Umgebung von Mainz, deren Plätze mit der Straßenbahn nicht erreicht werden, richten wir einen Sonder-Verkehr ein. **Städt. Straßenbahnamt.**

Fahrplan der Buslinie B, die seit 1927 von Mainz über Drais nach Nieder-Olm führt. Interessant beim Kleingedruckten unten: Bei „Fußball-Wettspielen" von Mainz 05 bietet das Straßenbahnamt einen Pendelverkehr vom Hauptbahnhof zum damaligen Stadion am Fort Bingen (heute Uni) an. Alle 4 – 7 Minuten.

Nochmals ein Blick vom Schulhaus, nun aber etwas nach links verschwenkt mit der ehemaligen Zehntscheune.

Käfer in die Krankenhäuser. Erste niedergelassene Ärztin in Drais ist Doris Lang am Finther Weg, bevor 1988 Dr. Benno Schüler seine Praxis öffnet.

Aber zurück in die Zeit vor über 100 Jahren, als mitten in Aufbruch und aufkommenden Fortschritt der 1. Weltkrieg hereinbricht. Viele Männer müssen an die Front und neun Draiser kehren aus den Stahlgewittern nie mehr heim. Mit Kriegsende ist zwar das große Sterben vorbei, aber die Zeiten bleiben duster. Zwar werden in Drais nur kurz Besatzer einquartiert, aber die aufkommende Inflation trifft alle. Die Bewohner 1922: Unter 550 Draisern sind 38 Prozent Landwirte, sechs Prozent Taglöhner, 25 Prozent Handwerker und zwölf Prozent Fabrikarbeiter.

Ab 1924 kommt die Bautätigkeit wieder in Gang, etwa an der südlichen Kapellenstraße, heute An den Platzäckern, wo der Spettel-Hof in der Nr. 38 in der tradierten Weise als Dreiseitenanlage gebaut wird. 1925 wird die Entwässerung, die noch über offene Gräben erfolgt, kanalisiert und am 1. März, dem Fastnachtsdienstag 1927 erhält Drais endlich Anschluss nach Mainz mit der Buslinie B, später N, nach Nieder-Olm.

Die fährt vom Gutenbergplatz via Hauptbahnhof nach Drais und weiter über Ober-Olmer Forsthaus, Essenheim und Stadecken nach Nieder-Olm. Drei Mal in jede Richtung, morgens, mittags und abends, und billig ist es nicht.

Mit der Wirtschaftskrise ab 1930 ziehen dunkle Wolken auf, doch das katholische Drais bleibt politisch stabil. Man wählt in den 1920ern zu zwei Dritteln Zentrum und zu 20 Prozent SPD, und der Ort gerät auch ab 1930 nicht aus dem Gefüge. Die NSDAP holt 1930 und 1932 nur 1,86 bzw. 9,1 Prozent der Stimmen, und selbst bei der letzten halbwegs freien Reichstagswahl am 5. März 1933, als Hitler schon Kanzler ist und viele umfallen, erhalten die Nazis nur 16 Prozent. Das ist mit großem Abstand das niedrigste Ergebnis der Nationalsozialisten im Kreis Mainz-Land, wo sie in Essenheim und Stadecken 90 Prozent holen. Drais bleibt 1933 standhaft. Die heutigen Draiser können auf ihre Vorfahren stolz sein.

Vielleicht ärgert das die Nazis so sehr, dass sie 1933 beim Feuerwehrfest Rache nehmen.

Die Nazis okkupieren auch das Erntedankfest. Vorn Bürgermeister Dr. Eckert in Parteiuniform.

254 Drais 2

Fast jeder achte Draiser fällt im Krieg

Vergleichsweise wenige Draiser erliegen Anfang der 1930er-Jahre der NS-Propaganda. Die Nazis holen hier am 5. März 1933 das schlechteste Wahlergebnis im gesamten Kreis Mainz. Ob dies der Grund ist, dass die Nazis bei erster Gelegenheit mehrere Draiser in KZ oder Gefängnis sperren? Auf jeden Fall zeigt dies, wie brutal jeder auch nur kleinste Widerstand verfolgt wird. Es passiert beim Feuerwehrjubiläum 1933.

Vom 24. bis 26. Juni feiert die Feuerwehr ihr 50-jähriges Bestehen, und beim Festkommers taucht nach 22 Uhr der Finther Ortsgruppenleiter Karl Ludwig „Lawy" Burkard mit SA-Männern im Zelt auf dem Sportplatz an der Mainzer-, heute Daniel-Brendel-Straße auf. Er hält eine Rede im NS-Jargon, beendet sie mit Horst-Wessel-Lied und dem sogenannten Deutschen Gruß, dem erhobenen rechten Arm zum „Heil Hitler" oder „Sieg Heil". Doch einige Draiser stehen nicht auf, verweigern den Nazigruß.

Einer der Mutigen ist Paul Baumann, Kassierer des Abends. Er wird niedergeschlagen, und zwei Wochen später werden er und sechs andere Draiser abgeholt, ins KZ Osthofen oder ins Gefängnis gebracht. Neben Baumann sind es Jakob Brill, Anton Geisbüsch, Barbara Geis-

Ein Grünplan sieht in der NS-Zeit vor, zwischen den Dörfern Parks anzulegen. Der Zweite Weltkrieg machte solche Pläne zunichte.

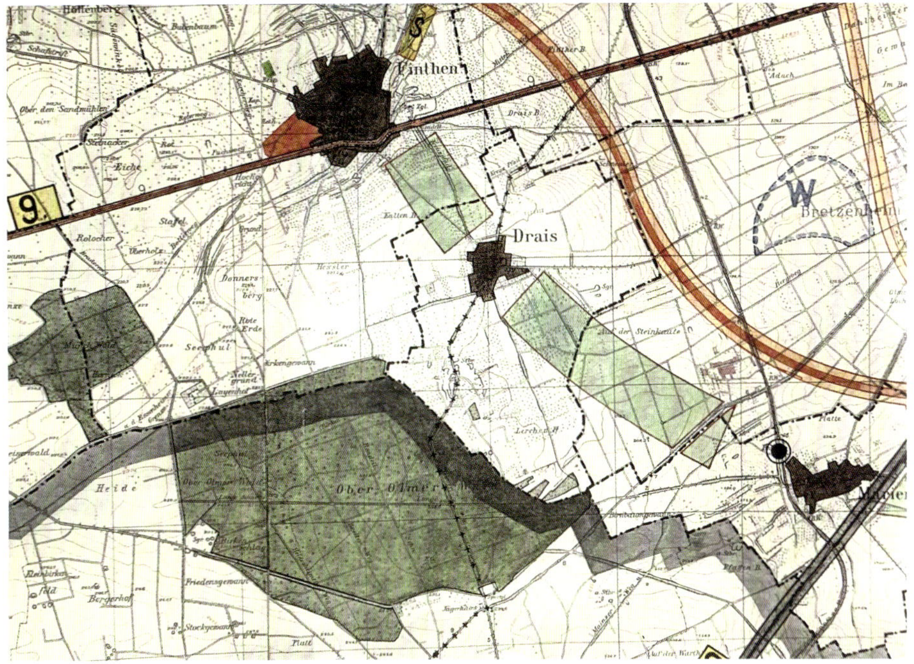

büsch, geb. Spettel, Leonhard Möndel, Franz und Johannes Spettel. 16 Tage sind sie eingesperrt. Das hört sich kurz an, wer aber weiß, wie brutal die Verhältnisse in Osthofen sind, der ahnt, was auch nur diese vermeintlich kurze Spanne bedeuten kann.

Das ist das einzige Ereignis der NS-Zeit, über das in den Publikationen zur Ortsgeschichte ausführlich berichtet wird, ansonsten findet sich wenig. Da ist etwa die eilig gepflanzte Hitler-Linde am Kirchplatz, der bald in Adolf-Hitler-Platz unbenannt wird. Auch wenn er damals noch weit in den Straßenraum ragt, soll er bis zum alten Stenner-Hof, heute Nickolaus, erweitert werden. Aber dazu kommt es nicht, warum auch immer.

Wie in Drais werden überall solche Hitler-Bäume gepflanzt, und immer gibts die Geschich-

Metzger und Wirt Theo Fischer (3.v.l.) hinter ihm seine Schwester Anna-Maria Schüler, rechts deren Mann Josef Schüler und neben ihm Sohn Rudi, später Leiter Obstannahme der Markthalle und Kirchenorganist.

Im Draiser Hof sind im Krieg polnische Gefangene untergebracht, die im Ort in der Landwirtschaft aushelfen müssen. Die Behandlung soll nicht gut gewesen sein.

ten, dass sich nächtens mancher daran erleichtert, um seinen Unwillen auszudrücken. Aber kann das sein, obwohl gerade in Drais jeder seit dem Feuerwehrfest weiß, was Protest bedeuten kann? Aber kundige Draiser beteuern es. Der Baum selbst überlebt Hitler und die Kapitulation 1945 nur kurz.

In der Schule wird täglich die Hakenkreuzfahne gehisst, werden Appelle abgehalten, NS-Lieder gesungen, und im Ort werden die üblichen Umzüge veranstaltet. Etwa zu Erntedank, wenn die Bauernwagen mit zeitgenössischen Fähnchen „verziert" werden und mittenmang der Bürgermeister in SA-Uniform mit Hakenkreuzarmbinde und Hitlerbärtchen steht. Dr. Eckert heißt er, ist Lehrer und strammer Parteigenosse. Ob er dahintersteckt, dass Heinrich Sohn die Posthalterei 1938 verliert? Immerhin ist der ein treuer Zentrumsmann.

In Heinz Leiwigs Buch „Es war ja nichts - Nationalsozialismus in Rheinhessen" über die oft vergessenen Verbrechen der Nazis, gilt eine Episode Drais. Leiwig, der etliche Bücher über die NS-Zeit in Mainz geschrieben hat, erwähnt die Gaststätte Draiser Hof, Ecke Daniel-Brendel-/Ober-Olmer-Straße, wo ab 1940 für die Landwirte überstellte polnische Gefangene untergebracht sind.

Der Saal im ersten Stock ist der Schlafraum für 30 bis 40 Mann, für die es Feldbetten oder nur Stroh gibt. Aufhalten dürfen sie sich nur im Hinterzimmer des Lokals, wie überhaupt die Behandlung eher schlecht gewesen sein soll. Nach dem US-Einmarsch versuchen einige der befreiten Gefangenen Rache zu nehmen, können nur dank der Amerikaner daran gehindert

Annoncen Draiser Gaststätten vom Ende der 1920er-Jahre.

Der mutige Draiser Landwirt Georg Spettel hilft im Krieg niederländischen Häftlingen des SS-Außenlagers am Finther Flughafen.

werden, einen Hof anzuzünden. Dennoch kehren zwei Polen später nach Drais zurück, einer heiratet hier.
Landwirt Georg Spettel, An den 18 Morgen, gehört zu den wenigen Mutigen, die für Menschlichkeit ein hohes Risiko eingehen: Er steckt den Häftlingen des SS-Lagers am Flugplatz Finthen, die im Außeneinsatz arbeiten, Essen zu, aber mehr noch: Als sie im März 1945 erfahren, dass man sie ins KZ Buchenwald bringen will, fliehen viele und zwei Holländer zu Spettel. Er versteckt sie in der Scheune, bis fünf Tage später die Amerikaner kommen. Das ist heldenhaft, denn darauf steht KZ oder Standgericht. Die Geretteten halten Kontakt, besuchen die Spettels später noch oft.
Beim ersten schweren Angriff auf Mainz am 12./13. August 1942 stürzt ein Bomber in der Draiser Gemarkung Lerchenberg ab, später noch ein alliierter Jäger in der Gemarkung Am Stumpf. Der Ort selbst erhält keinen Bombentreffer, entgeht aber nur knapp einer Luftmine, die an der Daniel-Brendel-Straße runtergeht und durch den Luftdruck in weitem Umkreis Scheunentore zerstört und Dächer abdeckt. Dass mitten im Ort Masten mit Leuchten stehen, die den heimkehrenden Nachtjägern des Flugplatzes Finthen mit kurzem Aufleuchten den Weg weisen, ist ein Risiko, aber es bleibt ohne Folgen. Die Draiser Feuerwehr steht nach Angriffen in Mainz und außerhalb im harten Einsatz.
Viele Draiser sind im Krieg, und erschreckend viele kehren nicht heim. Die Ortschronik verzeichnet 23 Gefallene und 13 Vermisste, die auch zu den Toten gezählt werden müssen, nur dass Todesort und -zeitpunkt unbekannt sind. So furchtbar die Gefallenennachricht ist, so gibt sie den Familien die Gelegenheit zur Trauer, während die Vermisstennachricht auf Jahre, teils Jahrzehnte eine schwere Belastung ist. Meist sind es Mütter und Ehefrauen, die die Hoffnung nicht aufgeben, immer wieder Anfragen an den Suchdienst stellen, Kameraden anschreiben und mit der Unklarheit, dem Schicksal des geliebten Menschen nicht abschließen können.

Jesus! Maria! Joseph!

„Ich habe den guten Kampf gekämpft, den Lauf vollendet, den Glauben bewahrt. Nun liegt mir die Krone des ewigen Lebens bereit."

ZUM FROMMEN ANDENKEN

an meinen innigstgeliebten Mann, seiner Kinder liebevoller, treusorgender Vater, unseren lieben Sohn, Bruder, Schwiegersohn, Schwager und Onkel

Franz Jak. Schüler

Grenadier in einem Grenadier-Regiment.

Geboren am 28. Januar 1907 zu Drais, gefallen am 17. Dezember 1943 im Osten. Er wurde von seinen Kameraden auf dem Heldenfriedhof in Kosel, südlich Shlobin, beigesetzt.

Ach, es ist ja kaum zu fassen,
Daß Du kehrst nie mehr zurück,
So jung mußt Du Dein Leben lassen,
Zerstört ist unser aller Glück,
Und jeder, der Dich hat gekannt
Und auch Dein gutes Herz,
Der drückt uns nur noch stumm die Hand
In diesem tiefen Schmerz.
Du gutes Herz ruh' still im Frieden,
Innig beweint von Deinen Lieben.

Das Sterbebild des Ende 1943 gefallenen Draiser Landwirts Franz Jakob Schüler.

36 Tote und Vermisste, das sind bei 568 Einwohnern fast jeder achte Draiser männlichen Geschlechts. Allein die weitverzweigte Familie Schüler beklagt sechs Tote. Einer ist Franz Jakob Schüler, geboren am 28. Januar 1907, gefallen am 17. Dezember 1943 „im Osten" wie es auf dem Sterbebildchen des Familienvaters heißt. Solche Totenzettel werden einst in katholischen Regionen bei der Messe für den Verstorbenen verteilt.

„Zum Andenken an meinen innigst geliebten Mann, seiner Kinder liebevoller, treusorgender Vater, unseren lieben Sohn, Bruder, Schwiegersohn, Schwager und Onkel" heißt es, darunter das Bild des ernst blickenden Soldaten, ein Grenadier, was darauf schließen lässt, dass er noch nicht lange dabei ist. Vielleicht ist er vorher UK gestellt, also unabkömmlich, doch mit steigenden Verlusten müssen auch diese Männer raus. Franz Jakob Schüler ist in Kosel beigesetzt, südlich Shlobin in Weißrussland.

Auch in Drais sterben Menschen, tragischerweise kurz vor der Besetzung am 21. März 1945. Tags zuvor kundschaftet laut der Ortschronik „850 Jahre Drais" Konrad Kraft per Rad die US-Panzerspitze aus, die am Ober-Olmer Forsthaus steht, und auch eine im Ort liegende Versprengten-Einheit der Wehrmacht geht vor. Das Buch „A history of the 90th Division in Worldwide War II" spricht von einer deutschen Patrouille, die im Ober-Olmer Wald in US-Stellungen eindringt.

Dabei gibt es Gefallene und abends beschießt US-Artillerie als Reaktion Drais. Das Anwesen der Familie Darmstadt am westlichen Ortsrand erhält einen Volltreffer, ebenfalls die Scheune von Johann Alois Schüler. Drei Menschen sterben, mehrere werden schwer verletzt, und das nur Stunden, bevor für Drais der Krieg zu Ende ist. Denn am nächsten Morgen sind die Amis da, eine Kompanie des 359. Regiments der 90. US-Infanterie-Division. Weiße Bettlaken hängen als Zeichen der Kapitulation am Kirchturm. Auch in Hechtsheim hängt man weiße Tücher auf, als aber die Amerikaner später als erwartet kommen, ermorden die Nazis drei Männer, die sie für die Urheber der Aktion halten. Die Draiser haben Glück, „der Ami" kommt rechtzeitig.

Blick in die Ober-Olmer Straße mit der Kapelle.

Das ehemalige Jesuitenhaus erfährt viele Nutzungen, auch als Caritas-Altenheim. Das Besondere ist der fehlerhafte Aufdruck „Drais a. Main", wobei jemand das fehlende „z" handschriftlich ergänzt.

Diese Mehrbildkarte zeigt Drais in den frühen 60ern auch schon mit Neubaugebiet am Ortsrand.

255 Drais 3

Das Geschenk der Amerikaner

Drais verfügt seit mehr als 70 Jahren über etwas, wovon andere Ortschaften bis zum heutigen Tag nur träumen – eine Umgehungsstraße. Der Durchgangsverkehr, der andere Orte quält, wird an Drais vorbeigeleitet, die Lastwagen, die Pendler, doch die waren anno 1952 mitnichten der Grund für den Bau, sondern amerikanische Panzer. Daher bis heute der Name: Panzerstraße.

Bürgermeister zu jener Zeit ist Jakob Wolf, der zwei Mal das Amt bekleidet. Zunächst in der schweren Zeit 1945 bis 1948, als er die Pflicht hat, zugewiesene Ausgebombte und Flüchtlinge im kleinen Ort unterzubringen. Und dann nochmals von 1951 bis 1958.

Zu Beginn der zweiten Amtszeit ziehen die Franzosen aus Gonsenheim ab, denen die 2. US-Panzer-Division, bekannt als „Hell On Wheels", folgt. Und diese „Hölle auf Rädern" erleben die Draiser, wenn die M 47- und M 48-„Patton"-Panzer zum Ober-Olmer Wald rasseln. Mitten durch Drais oder über Feldwege am Ortsrand zur damaligen Kapellenstraße und in die Ober-Olmer-Straße. Über die Regulierung der Schäden muss Wolf mit Amerikanern und deutschen Dienststellen verhandeln.

Der Zustand ist unhaltbar, das sehen selbst die Amerikaner ein, was für die damals noch wie Besatzer agierende Army nicht selbstverständlich ist. 1952 wird der Gonsenheimer Chaussee-Weg zur Panzerstraße ausgebaut, heuti-

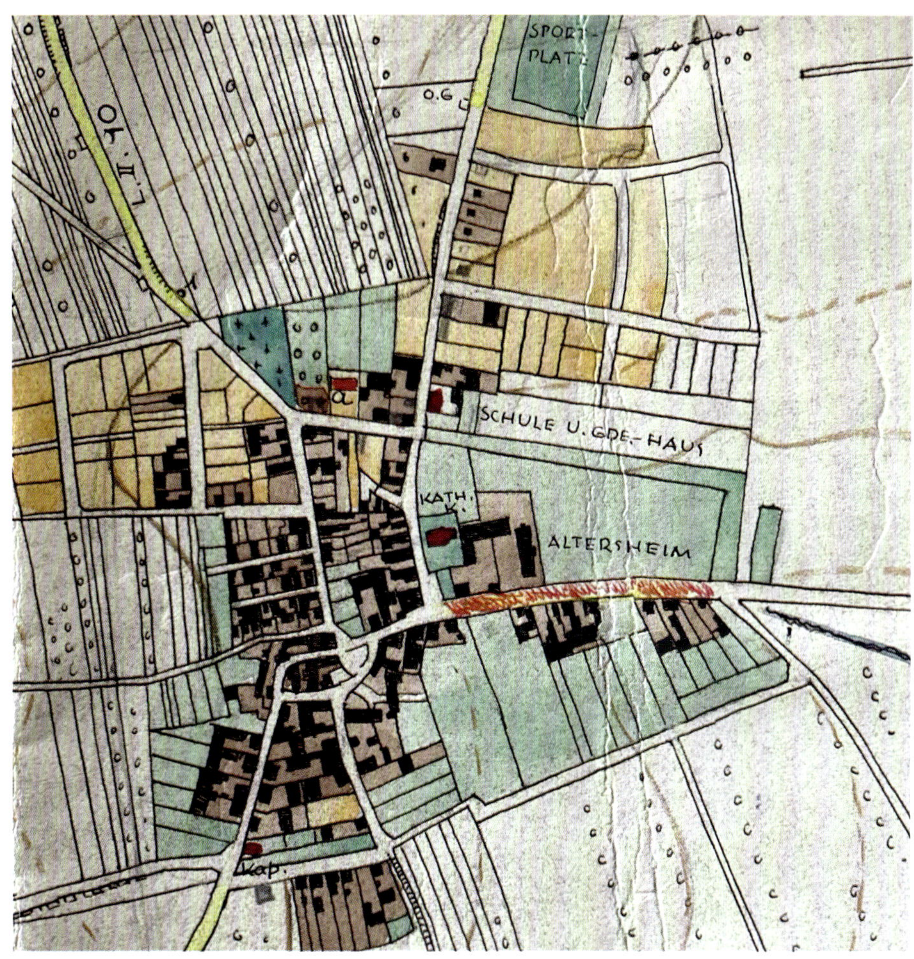

Plan 1951, braun = bebaut, hellbraun = Baugebiet, Baulücken, hellgrün = Gärten, grün = öff. Grünflächen, Wald. Noch fehlt die Panzerstraße, links ist ein Baugebiet geplant.

ge L 427, um den Ort herumgelegt bis in den Ober-Olmer Wald.

Ein Segen für Drais, das vom künftigen ortsfremden Verkehr verschont bleibt, während etwa in Finthen über Jahrzehnte Umgehungen geplant werden, ohne dass auch nur eine einzige verwirklicht wird.

Anfang der 1950er ist Drais ein Dörfchen. Zwar ist die Einwohnerzahl durch Ausgebombte und Flüchtlinge von 1939 bis 1950 um 43 Prozent auf 811 gestiegen, doch das wird zunächst nicht durch Neubauten aufgefangen. 1951 plant aber das Kreisbauamt Oppenheim Baugebiete nördlich und westlich. So entstehen an der Mainzer-/heute Daniel-Brendel-Straße, Einfamilienhäuser, während die Westerweiterung nach dem Bau der Panzerstraße gestrichen wird.

Es ist abzusehen, dass der Ort wachsen wird, und ein Schritt in diese Richtung ist auch, dass die Draiser Kirche ab Dezember 1952 nicht länger Filiale der Finther Pfarrei ist, sondern Pfarrkuratie wird. Ein Jahr später wird eine Markthalle eröffnet, auch ein Zeichen für die Veränderung der Landwirtschaft im Ort. Heute steht Drais wie selbstverständlich für hochwertigen Obstbau, während bis weit nach Mitte des 20. Jahrhunderts Ackerbau und Viehwirtschaft dominieren. Vorm 2. Weltkrieg gibt es im Ort rund 500 Rinder, Schweine und Ziegen, durchaus ein Grund, dass man die Mangelzeit des Krieges halbwegs übersteht.

Doch der Krieg stellt die Landwirte schwer auf die Probe. Viele müssen an die Front, weshalb dann Eltern, Ehefrau, Schwestern oder junge Brüder zusammen mit Gefangenen, Zwangs- oder Fremdarbeitern unter schweren Bedingungen den Hof führen müssen. Mancher Landwirt kehrt nicht mehr heim oder kommt erst nach Jahren aus Gefangenschaft zurück.

Die Mainzer-, heutige Daniel-Brendel-Straße mit Schule (r.) und einem der damals weit verbreiteten Dreirad-Lieferwagen, Tempo oder Goliath.

Das bäuerliche Drais an der Ober-Olmer-Straße mit Häusern aus Bruchstein, meist aus der Steinkaut. Erst Ende des 19, Jahrhunderts hält der Ziegelbau Einzug in Drais.

Dann trifft er auf veränderte Verhältnisse, auf Frauen, die durch die eigenständige Arbeit an Selbstbewusstsein gewonnen haben, Geschwister, die nicht wieder in die zweite Reihe treten wollen. Keine einfache Zeit. Zündstoff in vielen Familien.

Die Landwirtschaft selbst verändert sich zunächst nicht so stark. Auch in den nächsten Jahrzehnten dominiert neben dem Ackerbau die Viehwirtschaft, 300 Schweine werden gehalten und praktisch jeder Vollerwerbslandwirt betreibt Rinderhaltung und Rindermast. Die Tiere kommen in Viehwaggons am Bahnhof Marienborn an, werden an Ackerwagen angebunden und über das heutige ZDF-Areal nach Drais gebracht. In der rechten Hälfte der Zehntscheuer hat die Molkereigenossenschaft Mainz eine Milchsammelstelle.

Doch Mitte der 60er tritt der Wandel ein. Der Obstbau nimmt zu, dafür geht die Viehhaltung zurück, bis Ende der 70er niemand mehr Rinder hält. Auch der Anbau von Kartoffeln und Getreide wird weniger, ebenso der von Zuckerrüben, die zum Gonsenheimer Bahnhof gebracht und dort per Hand in offene Güterwagen verladen werden müssen. Landwirtschaft ist mühsam, lange sind noch Pferde im Einsatz, bis die ersten Einachsschlepper und schließlich

Blick in die damalige Mainzer Straße in den frühen 1950ern mit einem Brezel-Käfer.

einfache Traktoren angeschafft werden können. Lanz, Fendt, Deutz, Hanomag, MAN oder Allgaier heißen die Marken und sie wirken zierlich gegenüber den heutigen Ackerriesen. Süßkirschen, Schattenmorellen, Äpfel und Erdbeeren aus Drais sind bekannt, ebenso die großen Obsthöfe, bei denen sich viele Mainzer eindecken. Heute gibt es noch fünf Landwirte im Ort, und die Zahl wird weiter abnehmen. Ein Einschnitt, der im Ort für Unruhe, auch für

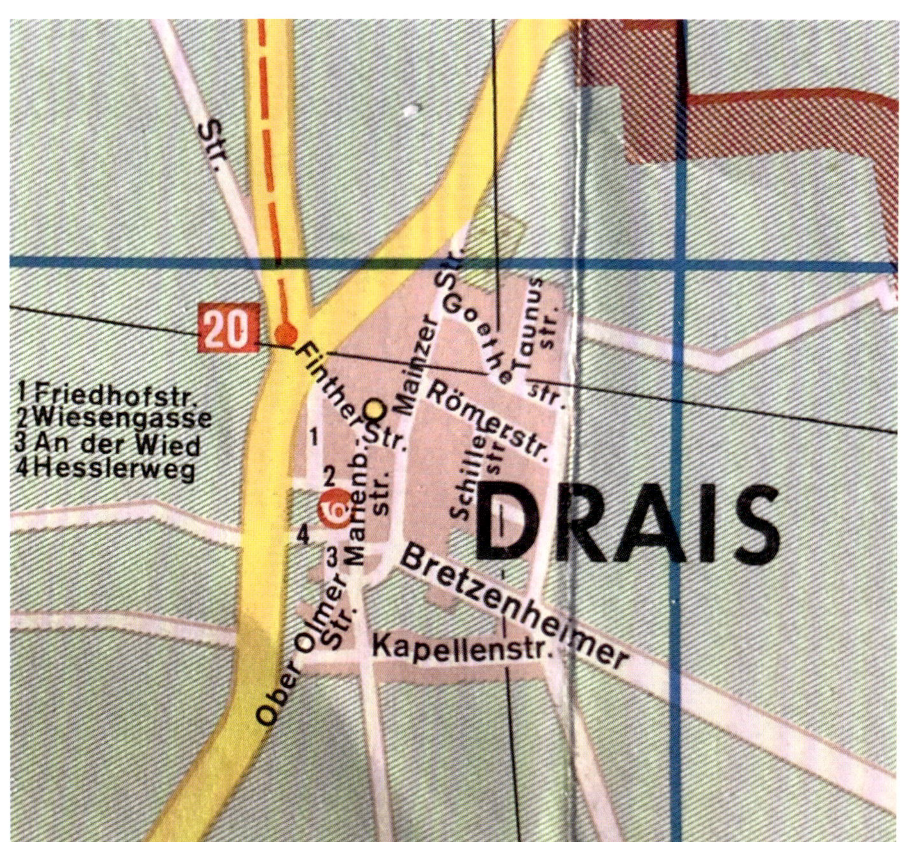

Der Falk-Faltplan von 1967 zeigt die alten Straßennamen, die sich nach 1969 fast alle ändern.

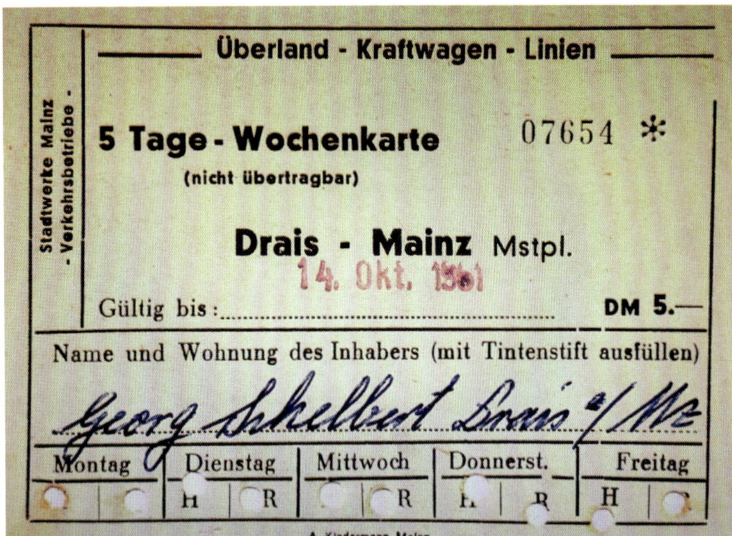

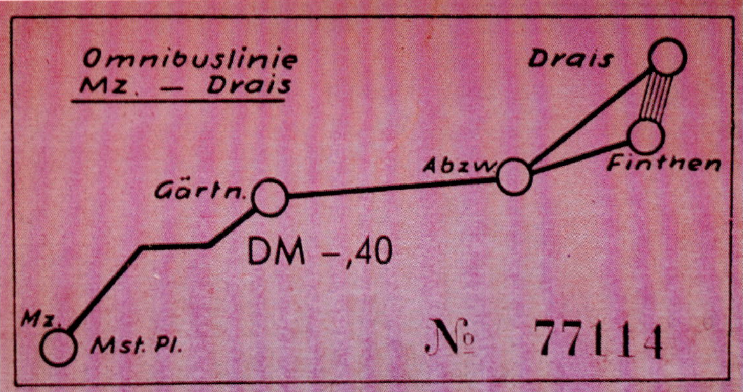

Verschiedene Fahrscheine aus der Zeit vor der Draiser Eingemeindung nach Mainz. Einer ist bedruckt mit „Städt. Straßenbahn Mainz", ein anderer mit „Stadtwerke Mainz, Verkehrsbetriebe".

Unmut sorgt, ist die 1962 beginnende Planung der Jubiläumssiedlung, des heutigen Lerchenberg, denn dessen Nordteil liegt auf Draiser Gemarkung. Als Ausgleich zahlt die Stadt der Gemeinde Drais 600.000 D-Mark und bietet als Tauschgelände ein Areal am Mainzer Weg an, wo dann 77 Bauplätze an den Straßen Am Stumpf, Rheingaublick, An der Römerquelle, Am Südhang und Universitätsstraße entstehen. Doch die Verteilung der Parzellen sorgt für manchen Ärger, denn nicht jedes Grundstück wird später Bauland.

Da auch Drais seit Ende der 40er an Einwohnern stark zunimmt, vor allem auch viele Kinder zur Welt kommen, steht der Bau eines neuen Schulhauses an. Geplant wird es seit Beginn der 50er-Jahre, Standort wird die lange Parzelle hinter der alten Schule. Die reicht bis zur Universitätsstraße und wird unter anderem als Schulacker für die Lehrer genutzt. Doch man kommt nicht voran, weil die ursprüngliche Planung des Kreisbauamts in Oppenheim von der Bezirksregierung Mainz unter Hinweis auf die zu erwartenden Kinderzahlen als zu klein abgelehnt wird. Es wird also neu geplant, doch auch diese Pläne werden hinfällig, weil der Baugrund sich als schwierig erweist und das Gebäude unterkellert werden soll. Als auch dies beschlossen und schließlich in Angriff genommen wird, gerät das Ganze 1958 noch zu einem echten Bauskandal, weil bei Planung und Ausführung gepfuscht wird. Teilweise muss wieder abgerissen werden, und die Kosten klettern von 112.000 auf 178.000

Von 1956 bis 1968 verkehrt die Linie D nach Drais, bevor die 16, bald darauf die 17 zur Stammlinie wird und weiter zum Lerchenberg führt.

D-Mark. 1959 wird die Schule eingeweiht.
Bis 1969 wächst Drais durch Baugebiete auf 1147 Einwohner, und „schon" seit 1968 hat der Ort endlich auch eine Buslinie mit mehreren Fahrten in der Stunde – nach 40 Jahren an einer wenig befahrenen Überlandstrecke.
Am 1. März 1927 ist Drais an den Öffentlichen Personennahverkehr angeschlossen worden, macht die Buslinie B auf dem Weg nach Nieder-Olm hier Station. Bald wird sie in N umbenannt und nach Verkürzung der Strecke bis Stadecken in S. Als Überlandlinie gibt es nur einige Fahrten am Tag, die am Ende des Krieges auch wegfallen. Im September 1948 geht die Linie S wieder in Betrieb, aber Drais bleibt wegen schlechter Straßen außen vor, die Route wird zunächst über Bretzenheim geführt.
Erst am 19. April 1949 erhält Drais wieder Anschluss an den ÖPNV, nun mit der Linie D, Münsterplatz – Drais, die teils über Finthen Markthalle geführt wird. Da der Ort im Kreis Mainz liegt, ist es eine Überlandlinie, mit deren Fahrschein man nicht ins restliche Netz wechseln kann. Mit einer Ausnahme: Weil nur fünf Mal am Tag gefahren wird, darf in den sehr langen Betriebspausen mit der Wochenkarte auch die Straßenbahn ab und bis Finthen benutzt werden. Das setzt aber einen Fußmarsch von mehr als zwei Kilometern mit kerniger Steigung voraus.
Der spätere Ortsvorsteher und Mainzer Bürgermeister Norbert Schüler erinnert sich, dass der Mittagsbus aus der Stadt so fährt, dass der Pennäler ihn nicht selten verpasst. Es bleibt ihm nur besagter Weg mit der Bahn nach Finthen und von dort per pedes über den Berg nach Hause.
1956 erhält die „D" als letzte Buchstabenlinie eine Nummer, die 20, die noch 1965 nur ein dutzend Mal am Tag in jede Richtung fährt. Wobei es zwischen Vormittag und spätem Nachmittag ganze zwei Fahrten gibt. Doch dann profitiert Drais vom Nachbarstadtteil Lerchenberg. Die 20 wird 1968 eingestellt, dafür die Linie 16 Laubenheim-Schillerplatz via Drais bis zum neuen Stadtteil verlängert, bevor im Oktober 1969 die Linie 17 Ginsheim-Lerchenberg für Jahrzehnte Stammlinie wird. Endlich fährt der Bus vier Mal die Stunde.
Gerade vier Monate zuvor ist aus Drais bei Mainz der Stadtteil Mainz-Drais geworden. Allerdings nicht freiwillig.

Drais Ende der 1960er, rechts oben das Neubaugebiet Universitätsstraße, unten mittig die Höfe An den Platzäckern, damals Kapellenstraße.

256 Drais 4

Mainzer Träume, Draiser Alpträume

Mitte der 1960er-Jahre geht es in Rheinland-Pfalz politisch hoch her. Überall hitzige Versammlungen und wütende Demonstrationen. Ziel des Protests ist die Landesregierung, vor allem die CDU und deren Landesvorsitzender und Landtagsfraktionschef Helmut Kohl. Er ist Vater der Gebietsreform, die 22 Landkreise zu elf verschmelzen, Dörfer in Verbandsgemeinden zusammenführen und andere in Städte eingemeinden soll. Aus dem Kreis sollen Laubenheim, Hechtsheim, Ebersheim, Marienborn, Finthen und Drais nach Mainz.

Die Pläne versetzen das Land in Aufruhr. Viele Orte wollen selbstständig bleiben. Die Volksseele kocht, und die Moselaner lassen Kohl als Strohpuppe am Galgen baumeln. So heftig geht es rund um Mainz nicht zu, aber wer sich für die Gebietsreform einsetzt, macht sich nicht beliebt. Norbert Schüler kann ein Lied davon singen. Als der damals 23-jährige Draiser bei einer Versammlung nach all den wütenden Reden aufsteht und für die Eingemeindung nach Mainz wirbt, wird er ausgebuht.

Und so fällt die Bürgerbefragung am 1. September 1968 eindeutig aus, man fürchtet den Verlust der Selbstständigkeit und höhere Gebühren. Von 626 Wahlberechtigten stimmen bei 79,2 Prozent Wahlbeteiligung 413 Draiser gegen und 79 für die Eingemeindung. Dennoch verhandelt Drais mit Mainz. Begonnene

Am 2. Juni 1969 unterzeichnen der Mainzer OB Jockel Fuchs und der Draiser Bürgermeister Johann Willi Schüler den Eingemeindungsvertrag.

Projekte wie Sporthalle und Spielplatz werden weitergeführt, viel wichtiger ist aber, dass Mainz sich verpflichtet, ausreichend landwirtschaftliche Flächen auszuweisen.

Der Auseinandersetzungsvertrag wird vom Gemeinderat bei einer Enthaltung angenommen und am 2. Juni 1969 von OB Jockel Fuchs und Bürgermeister Johann Willi Schüler unterzeichnet. Bedauerlich: die 400.000 DM Rücklagen der Gemeinde für eine Friedhofserweiterung werden von Mainz kassiert, ohne dass aber die Erweiterung ausgeführt wird.

Die Eingemeindung funktioniert, Schüler behält recht, und wenige Jahre nachdem aus Drais bei Mainz der Stadtteil Mainz-Drais geworden ist, wird er mit gerade 32 Jahren Ortsvorsteher. Er ist nicht der Erste aus seiner Familie, der der Gemeinde vorsteht: Urgroßvater Johann Schüler III. war von 1882 bis 1919 in der Phase der Modernisierung Bürgermeister, dessen Sohn Jakob Schüler IV ab 1930, bis er 1933 von den Nazis dem aus Amt gedrängt wird, sowie dessen Bruder Johann Alois Schüler von 1948 bis 1951. Nur Johann Willi Schüler (1959-76) ist nicht direkt mit seinem Nachfolger Norbert Schüler verwandt. Der ist 1976 jüngster Ortsvorsteher in Mainz, bleibt 18 Jahre im Amt, bevor er 14 Jahre Mainzer Baudezernent und Bürgermeister wird.

Die Schülers sind das in Drais, was den Gon-

Dieser Motivwagen karikiert die Eingemeindung der Vororte nach Mainz.

Am Nordrand von Drais plant eine Hoteltreuhand ein Europahotel mit Kongresszentrum, Schwimmhalle und Läden.

senheimern die Beckers sind, mehr noch. Denn heißen im Adressbuch 1934 acht Prozent der „scheenste Leit" Becker, so trägt um die gleiche Zeit gar jeder zehnte „Draaser" den Namen Schüler. Mit Einsetzen des Zuzugs hat sich diese Namensdominanz reduziert, aber dennoch ist im Stadtteil der Name weiter omnipräsent. Die Spur führt zurück ins Jahr 1674, als im Zehntbuch ein Martin Schüler vermerkt wird, der einen halben Zuber Wein abliefert, den Weinzehnt. Bei diesem Urahn soll es sich um das uneheliche Kind eines schwedischen Soldaten handeln.

Dass die Eingemeindung funktioniert, hat vor allem damit zu tun, dass mancher Mainzer Traum schnell ausgeträumt ist und nicht zum Draiser Alptraum wird. So soll der Ort von damals rund 1100 Einwohnern um das Achtfache wachsen, und es gibt gar Gedanken, ihn mit dem Lerchenberg zu verschmelzen. Und nicht genug: Eine Wohnungsbaugesellschaft will ein zwölfstöckiges Punkthaus an der Daniel-Brendel-Straße errichten und am Nordrand plant eine Europa-Hoteltreuhand GmbH & Co. KG ein Europahotel mit Kongresszentrum, Schwimmhalle und Läden.

Daraus wird nichts. Zum Glück. Natürlich wissen die Draiser, dass der Ort wachsen wird, aber maximal 3000 Einwohner sollen es werden. Und das Wachstum ist nicht übereilt. Um 1970 wird weiter an den Platzäckern gebaut, dann gibt es ersten Geschosswohnungsbau, ab den 80ern beginnt die Erweiterung um die Carl-Zuckmayer-Straße und eine Dekade später die nach Süden mit der Marc-Chagall-Straße als Entwicklungsachse. Gegen Letzteres regt sich heftiger Protest, aber es geht nicht nur um Wohnraum, sondern auch darum, wie Norbert Schüler erklärt, auf über 3000 Einwohner zu kommen. Nicht aus Selbstzweck.

Hintergrund ist, dass Drais 1988 mit dem Spar-Markt den letzten Lebensmittelladen verliert und kein neuer kommt. Und ein begehrter Vollversorger kommt erst ab der erwähnten Einwohnerzahl. 1999 eröffnet der Edeka, den Kai Matthes 2016 übernimmt.

Doch im Süden droht ohnedies weitaus größeres Ungemach, denn ab Mitte der 1990er plant das ZDF, unterstützt von der Stadt, an der Senke zwischen Lerchenberg und Drais einen gigantischen Medienpark. Ein 250-Millionen-Mark teures Fernseh-Disneyland mit dem nachgebauten „Traumschiff" als Hotel auf dem Berg.

Möglich wird dies, weil die Stadt dem ZDF 1964 eine Million Quadratmeter Land für 13,50 DM/qm verkauft. Davon verbraucht der Sender für Hochhaus, Sendezentrum und sonstiges nur die Hälfte, verfällt in den 1990ern auf die Freizeitparkidee. Das Gelände soll an Cinemaxx-Gründer Hans-Joachim Flebbe verpachtet werden, der den Park nach ZDF-Vorgabe betreibt.

Genau hinter dem ZDF-Gelände soll am Abhang zur Draiser Senke ein gigantischer Medienpark entstehen.

Man rechnet mit 1,5 Millionen Besuchern im Jahr, die im Schnitt sechs Stunden verweilen sollen. „Lustig, aber kein Rummelplatz", so „Die Welt" damals. Es gehe ums Miterleben, wie Fernsehen gemacht und technisch verbreitet wird: „Dauer-Talk, TV-Stars zum Anfassen. Kein Riesenrad, keine Geisterbahn, aber auch kein Museum und keine Volkshochschule."

Auf dem Lerchenberg, in Marienborn und in Drais formiert sich eine breite Front der Ablehnung, dazu klagen Betreiber von Freizeitparks gegen die gebührenfinanzierte Konkurrenz und auch in der Politik regt sich Widerstand. Ein solches Projekt einer öffentlich-rechtlichen Anstalt sei nicht genehmigungsfähig. Mit Einsatz von Ministerpräsident Kurt Beck als Vorsitzender der Rundfunkkommission der Länder und dem Mainzer OB Jens Beutel, der den Widerstand aus den Stadtteilen „eigentlich einen Witz" nennt, überwindet der Medienpark alle Hürden. Und die Gerichte weisen die Klagen ab.

Das Modell des Medienparks mit Blickrichtung von der Draiser Senke hinauf zum ZDF, wo ein Nachbau des Traumschiffs thronen soll.

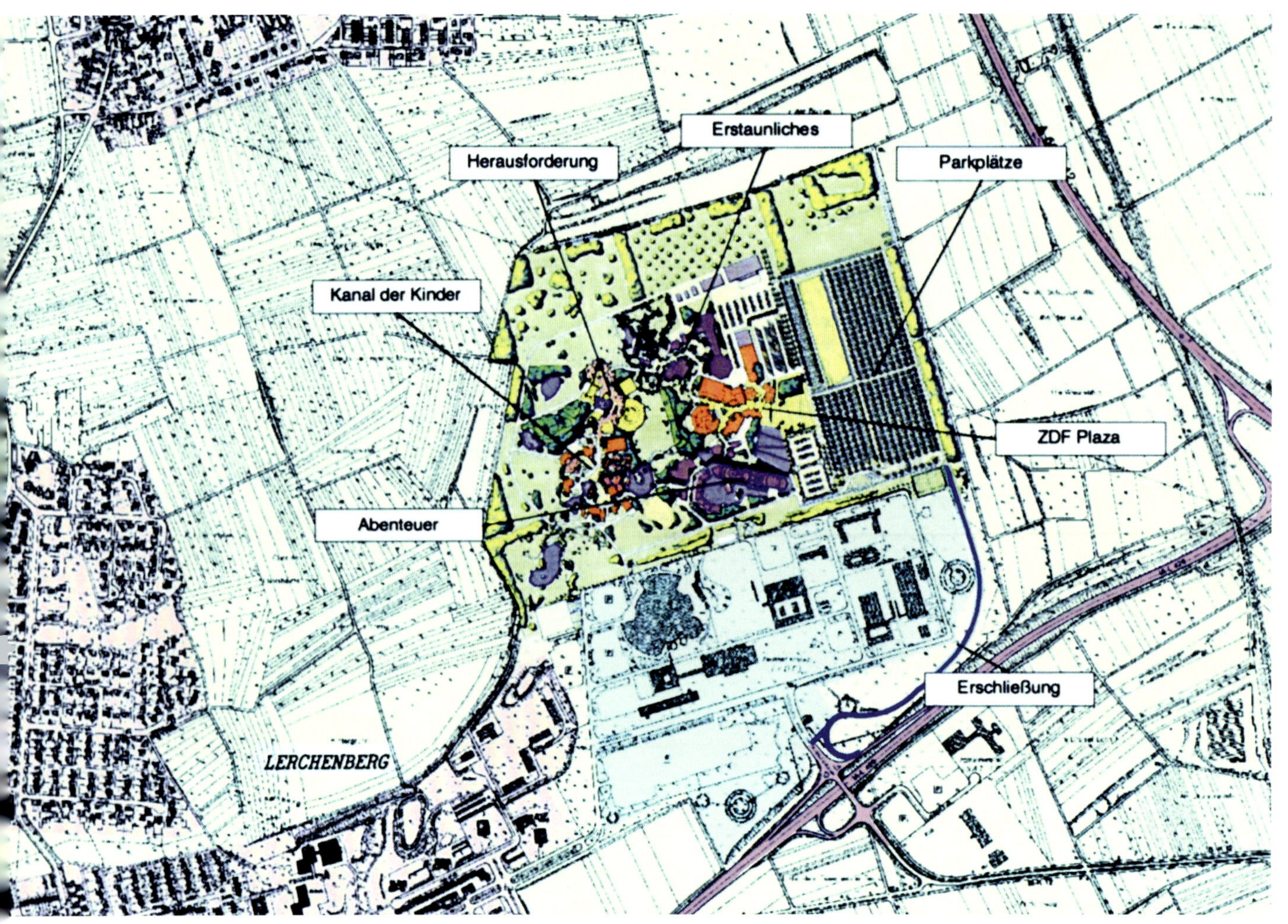

Der Plan des Parks zeigt unten in hellblau des ZDF-Gelände, links den Lerchenberg und oben links Drais.

Alle Signale stehen auf Grün, doch kaum ist ZDF-Intendant Dieter Stolte nicht mehr im Amt, serviert Nachfolger Markus Schächter 2003, garniert mit allerlei Lob für Macher, Planer und politische Unterstützer des Projekts, den Medienpark ab. Jedes Projekt habe seinen richtigen Zeitpunkt, aber man müsse erkennen, wenn nicht mehr alle Voraussetzungen für den Erfolg … gegeben seien. Ob Schächter bei dieser Entscheidung ahnt, dass mit dem immer stärker aufkommenden Internet und dessen gigantischen Möglichkeiten eine gewaltige Konkurrenz erwächst und die große Zeit des Fernsehens vorbei sein könnte?

Nachdem in der Planungszeit eine Beschallungssimulation im Feld mit Lautsprecheransagen, Musik und Beifall durchgeführt worden ist, kehrt nun wieder Ruhe ein im grünen Tal und in den umliegenden Gemeinden. Die haben während der jahrelangen Planung, all den Zurückweisungen mit dem Schlimmsten gerechnet, das nun doch nicht eingetreten ist.

Und die Draiser? Die feiern das späte Einsehen des großen Mainzer Fernsehsenders und das unerwartete Glück in allerletzter Minute, während der Ortsbeirat auf Wallfahrt geht. Denn das hat das Gremium in höchster Not für den Fall gelobt, dass der Medienpark doch noch an Drais vorübergeht.

Das Gelübde der Ortsbeiräte wird dann erhört, und los geht's nach Eggenfelden, Heimatort des Draisers Jürgen Hansen (vormals Draiser CDU-Chef und Ortsbeiratsmitglied). Von dort wallfahren die Ortsbeiräte aller Fraktionen 30

Als das Projekt Medienpark scheitert, geht der Draiser Ortsbeirat auf Wallfahrt. Das hat er für den Fall gelobt, dass der Krug an Drais vorübergehen sollte.

So traurig sieht der Dorfplatz in den 80er-Jahren noch aus. Einfach ein öder Parkplatz, der dann aber durch die Umgestaltung an Aufenthaltsqualität gewinnt. Der Platz wird abgepollert, erhält ein gestaltetes Pflaster, Sitzgelegenheiten, ein bisschen Grün. Und seit Sommer 2024 wird Reinhold Petermanns Brunnen „Bub mit Lerche" durch das Landfrauen-Denkmal „Dorfgeflüster" der Bildhauerein Rosi Röhm ergänzt.

Kilometer nach Altötting. Teils im Regen, aber geklagt haben wird an diesem Tag niemand, denn das ist es wert. Die Dankbarkeit ist groß.

Wenn man heute am Ortsrand am Feld entlang geht und sich vorstellt, dass man statt auf die Obstbäume auf einen gewaltigen Freizeitpark schauen würde und statt Vogelgezwitscher den Lärm Tausender Besucher hören würde, kann man nur dankbar sein. Zumal die Frage ist, ob sich das Ganze überhaupt gelohnt und nicht doch eine gewaltige Investitionsruine gedroht hätte.

Lerchenberg um 1971. Wo fünf Jahre später das Bürgerhaus eingeweiht wird, breitet sich noch Grün aus.

257 Lerchenberg 1

Vom Ur-Lerchenberg zum Stadtteil

Wenn man Lerchenberger von den Anfängen des Stadtteils erzählen hört, klingen die Anekdoten gern ein bisschen nach der Besiedlung des amerikanischen Westens. Nur ohne Indianer. Tatsächlich dürften sich die ersten Lerchenberger wie Siedler gefühlt haben. Viel Staub im Sommer, schlammig von Spät- bis Frühjahr und keine Infrastruktur. Nur den Wald, der sich vorher hier ausbreitet, den roden sie nicht selbst. Aber Pioniere, wie sie sich selbst gern nennen, sind sie auf jeden Fall.

Auch wenn die Rückschau manches verklärt, ist der Beginn in der Tat alles andere als einfach, oft mühsam und wenig romantisch. Keine Geschäfte, keine Schule, keine Freizeitangebote, nur gelegentlich Busse – das ist der Alltag der ersten beiden Jahre bis Ende der 1960er. Natürlich gibt es damals in Mainz noch weite-

Wohnblocks an Smetana- und Silcherweg, damals ein noch ziemlich kahler Anblick. Interessant auch die ersten drei geparkten Autos (v.l.n.r.): Ford Taunus P4 (gebaut 1962-66), Opel A-Manta, Opel B-Kadett.

Plan der Belagerung anno 1793 mit Blickrichtung auf Mainz mit preußischen Stellungen, Forsthaus (unten Mitte) und schräg rechts darüber das Zelt des Königs, weiter oben der Generalstab in Marienborn.

re Neubaugebiete, aber die sind alle an einen Stadtteil angedockt: Vom Bretzenheimer Südring ist es ein Spaziergang in den Ortskern, ähnlich ist es bei Lemmchen oder Westring in Mombach. Alles ist fußläufig erreichbar, aber die Lerchenberger sitzen erstmal einsam auf dem Berg.

Auch wenn der erste Zuzug 1967 Jahre erfolgt, ist der Lerchenberg bis heute der jüngste Mainzer Stadtteil. Zwar werden 1989 noch Altstadt, Neustadt, Oberstadt und Hartenberg-Münchfeld neu gebildet, die entstehen aber aus bestehenden Strukturen, während der Lerchenberg eine komplette Neugründung ist. Was wiederum nicht heißt, dass sich hier vorher ausschließlich Fuchs und Hase gute Nacht gesagt hätten.

Klaus Schulz hat die Geschichte des Ur-Ler-

Das Ober-Olmer Forsthaus, vormals kurfürstliches Jagdschloss, in dem Goethe im Mai 1793 während der Belagerung ein paar Tage nächtigt. „Ein höchst angenehmer Aufenthalt", erinnert er sich später.

chenberg, wie er die Vorgeschichte des Stadtteils nennt, akribisch erforscht, Vergessenes zusammengetragen, manches ans Licht gebracht und dazu eine Privatschrift verfasst. Die erzählt Spannendes, bis 6000 Jahre zurück, als hier die ersten Menschen siedeln. Später gibt es südlich des Lerchenberg die keltische Siedlung Bellem, fränkisch: Bellenheim, die um 1550 aufgegeben wird, aber auch einen römischen Gutshof, eine Villa Rustica. Dessen Gräberfeld wird 2001 beim Bau der Kreisstraße 51 nach Klein-Winternheim unweit des Kreisels entdeckt.

Erst Mitte des 18. Jahrhunderts wird der im Mittelalter abgeholzte Ober-Olmer Wald wieder aufgeforstet, an dessen Rand sich 1793 ein König, ein Kronprinz, eine schöne Herzogin und ein Dichterfürst einfinden. Die Aussicht auf Mainz ist der Grund für den königlichen Aufenthalt, aber nicht im guten Sinne, denn rund um Mainz ist eine gewaltige Streitmacht aufmarschiert und belagert die französisch besetzte Stadt. Und hier oben lässt Preußen-Monarch Friedrich Wilhelm II. am heutigen Süd-

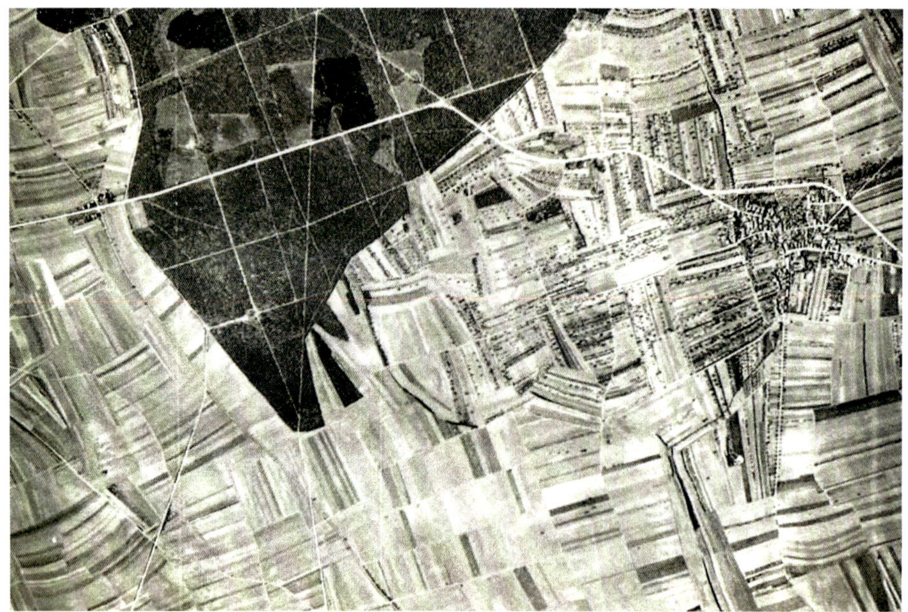

US-Luftbild 1953. Rechts Drais mit Panzerstraße, die oben nach links abknickt und durch den Ober-Olmer-Wald zum Forsthaus führt. Der Wald unterhalb der Straße wird für den neuen Stadtteil gefällt.

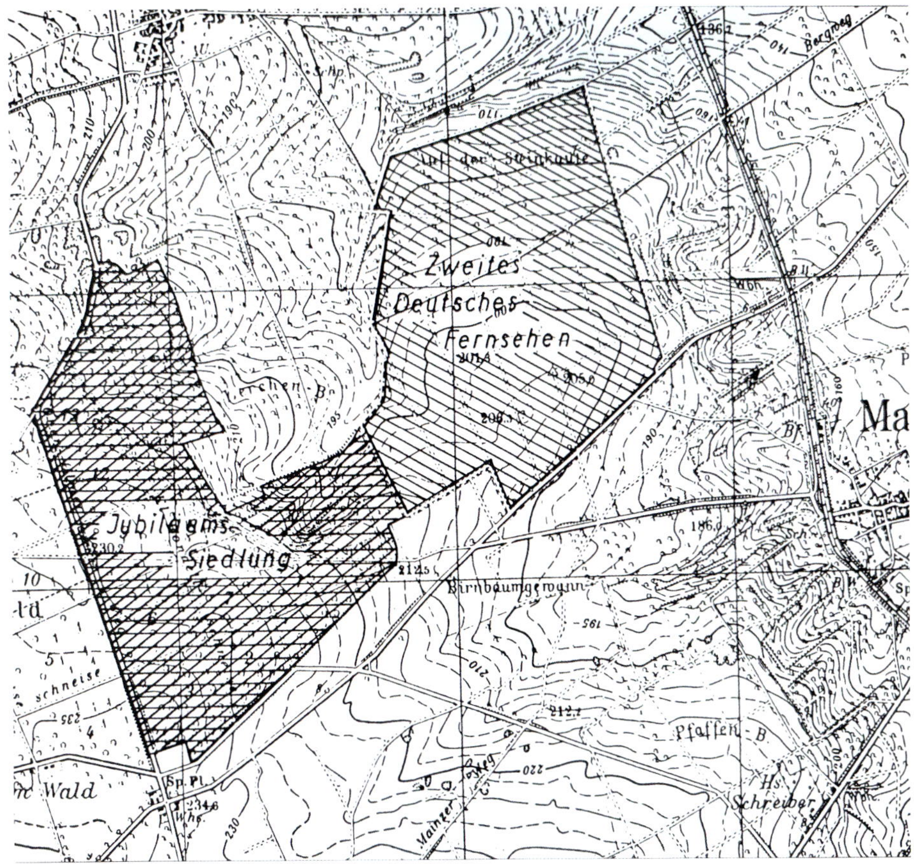

Karte der sogenannten Jubiläumssiedlung von 1963. Der geplante Lerchenberg-Ost ist bereits zugunsten der ZDF-Ansiedlung gestrichen.

zipfel des Lerchenberg sein königliches Zelt aufschlagen. Unweit des Generalstabs, der in Marienborn Quartier nimmt.

Auch Johann Wolfgang von Goethe ist vor Ort, nächtigt im Gefolge von Karl-August von Sachsen-Weimar in Marienborn, weilt aber Ende Mai im Ober-Olmer Forsthaus, vormals kurfürstliches Jagdschloss. Der Dichterfürst ist in seinem 30 Jahre später, mit gewisser dichterischer Freiheit verfassten Bericht „Die Belagerung von Mainz" voll des sicherlich authentischen Lobes über sein Quartier, „das äußerst schön liegt; ein höchst angenehmer Aufenthalt. Man fühlte, welch eine behagliche Stelle es gewesen, Landjäger eines Kurfürsten von Mainz zu sein. Von da übersieht man den großen Kessel, der sich bis Hochheim hinüber erstreckt".

Mitten im Kriegsgeschehen gibt es hier oben auch eine romantische Begegnung, als die 17-jährige Herzogin Luise zu Mecklenburg von der Großmutter in Darmstadt herüberkommt, um ihren Verlobten, Kronprinz Friedrich Wilhelm III., zu treffen. Die beiden heiraten zu Weihnachten jenes Jahres, und es ist tatsächlich Liebe, was damals gerade bei Hochzeiten im Adel und Hochadel alles andere als die Regel ist. Als Königin Luise wird die junge Frau ein Idol ihrer Zeit und nach ihrem frühen Tod unsterblich.

Nach der Königin in spe dauert es 183 Jahre, bis der Lerchenberg wieder Monarchen-Besuch erlebt: Königin Elizabeth II. weilt 1976 an einem scheußlich verregneten Nachmittag im ZDF.

Nach dem „Kriegstheater" 1793 versinkt die Gegend zwischen Drais und Marienborn wieder in tiefste Waldesruhe, bis Ende der 1930er-Jahre auf der anderen Seite des Ober-Olmer Forsts ein Fliegerhorst der Luftwaffe entsteht und später die Amerikaner mit ihren Panzern den Wald heimsuchen. Hierfür bauen sie 1952 die Panzerstraße, die spätere Grenze des neuen Stadtteils. Aber der ist da

Beginn der Arbeiten für den ersten Bauabschnitts des ersten zweiten Deutschen Fernsehens anno 1966.

noch nicht mal eine Idee, auch wenn die Mainzer Wohnungsnot katastrophal und noch Ende der 1950er nicht gelöst ist.
Sozialdezernent Karl Delorme klagt 1960: „Noch immer sitzen hunderte Menschen in Baracken, und viele in Bunkern und Kasematten, in Kellern, Gartenlauben, Wohnwagen, Bretterbuden ... zum Teil ohne primitivste sanitäre Einrichtungen." Auch wenn seit 1948 rund 21000 Wohnungen gebaut werden, gibt es 1960 noch 17000 Wohnungssuchende. Von den 1945 nach Rheinhessen zwangsevakuierten Menschen können 1960 zwar 124 Familien zurückkehren, aber 802 Rückkehrwillige warten noch.
Neubaugebiete sollen den Druck aus dem Kessel nehmen. 1960 beginnt die Bebauung des Hartenbergs, und 1961 beschließt der Stadtrat, anlässlich der 2000-Jahr-Feier im folgenden Jahr eine weitere Siedlung zu bauen. Unter Regie von Finanz- und Liegenschaftsdezernent Dr. Josef Hofmann (CDU) ist bald der geeignete Platz gefunden, aber auf Draiser Gemarkung, das damals zum Kreis Mainz gehört. Dort besitzt Mainz 38 Hektar, zudem fasst man mehr als 60 Hektar Wald an der Panzerstraße ins Auge, die man sich als Geschenk vom Land für den erschwindelten Geburtstag wünscht.
Die Draiser stimmen der Umgemarkung zu, das Land der Schenkung, und so nimmt alles seinen Gang. Geplant sind 1089 Einfamilienhäuser und 1496 Wohnungen, alles in allem für 9554 Menschen, doch die Pläne schrumpfen, weil die Stadt noch einen dicken Fisch an Land zieht: den Bau des ZDF-Sendezentrums in Mainz. Dafür werden 50 Hektar vom geplanten Stadtteil abgetrennt, das Gebiet, auf dem eigentlich das Wohngebiet Lerchenberg-Ost entstehen soll.
Wer sich heute wundert, dass das Lerchenberger Einkaufszentrum am Rand liegt, findet in dieser damaligen Entscheidung die Begründung. Wäre statt des ZDF der Lerchenberg-Ost gebaut worden, hätte die Ladenzeile fast zentral gelegen. Umgeplant wird aber nicht mehr, zumal es in Lerchenberg-Nord, also dem Gebiet Richtung Drais, ein weiteres kleines Versorgungszentrum gibt: mit dem Spar-Markt von Herrn Bingenheimer, einer Filiale der Volksbank Mainz-Gonsenheim und einem praktischen Arzt. Heute ist dieses kleine Zentrum allerdings längst Vergangenheit.
1962 wird das erste Grundstück abgesteckt und 1964 beginnt die Namenssuche. Im Buch „30 Jahre Mainz-Lerchenberg" von Friedrich Schütz finden sich einige der 200 Vorschläge, auch Abstruses. Etwa „Ajakan", was auf Indonesisch für Einladung steht, oder „Xylox",

Bürgermeister Dr. Josef Hofmann, einer der Väter des neuen Stadtteils, beim Abstecken des ersten Grundstücks auf dem Lerchenberg 1962.

Bereits im Juni 1964 werden Ortsschilder aufgestellt: „Landeshauptstadt Mainz – Stadtteil Lerchenberg". Drei Jahre später bezieht die erste Familie ein Haus auf dem Lerchenberg.

in dem das Präfix Xylo für Holz steckt. Näher liegend, zumindest räumlich, sind „Neu-Olm" oder „Ober-Draisach", „Rolle Rad" ist wohl eine Hommage an den Wappenspruch der damals noch existierenden Mainzer Aktien Bierbrauerei, während „Rheinfriede" mehr nach Friedhof klingt und die „Erwin-Rommel-Siedlung" nach der Idee eines Afrika-Korps-Soldaten. Auch „Mainz-Telestadt" und „Mainzelheim" schaffen es nicht in die engere, stark römisch geprägte Wahl mit „Agrippa-Siedlung", „Augustusstadt", „Drususstadt", „Trajanus-Siedlung" oder „Römerstadt". Dann finden sich noch „Gartenstadt" und „Waldstadt" oder man feiert seinen Schwindel-Geburtstag mit „Jubiläumssiedlung", „Jubiläumsstadt" und „2000-Jahr-Siedlung".

Schlussendlich setzt sich unter den Finalisten „Mainz-Jubiläumsstadt", „Mainz-Römerstadt", „Mainz-Lerchenberg" der schlichteste und naheliegendste durch, nämlich jener, der auf den alten Gemarkungsnamen hinweist. Im Kulturausschuss stimmen drei für „Jubiläumsstadt", neun für „Lerchenberg", was dann der Stadtrat mit 36 Ja bei 10 Enthaltungen bestätigt. Im Juni 1964 werden zwei Ortsschilder aufgestellt: „Landeshauptstadt Mainz – Stadtteil Lerchenberg".

Drei Jahre später ziehen die ersten Lerchenberger ein.

Lerchenberg-Nord. Am Feldrand links oben die Terrassenhäuser von 1973/74, in der Mitte Spar-Laden und Bank.

258 Lerchenberg 2

Schulbungalow und Polizeibaracke

1962 das Abstecken des ersten Grundstücks, 1964 der Name, 1966 der erste Spatenstich. Die Entwicklung des Lerchenberg, des größten Mainzer Neubaugebiets seit dem Krieg braucht seine Zeit. Aber dann geht es doch zügig: 1967 ziehen die ersten Lerchenberger ein und schon Ende 1969 ist die Erschließung des Baugebiets zu 80 Prozent abgeschlossen. Allerdings lässt die Infrastruktur auf sich warten, vieles fehlt oder ist provisorisch. Man wohnt hier, aber zum richtigen Leben fehlt noch eine Menge.

Das Projekt wird vom Bonner Bauministerium als Demonstrationsprogramm gefördert, ausgenommen die freie Bebauung in Lerchenberg-Nord von der Rembrandt- bis zur Spitzwegstraße. Für das geförderte Gebiet errichtet die Wohnbau Mainz in der Gonsenheimer Ora-

Reihenweise Reihenhaus an Reihenhaus. Hier an der Rilkeallee, parallel an der Hermann-Hesse-Straße und oben an der Büchnerallee. Am unteren Bildrand die Sportanlagen des SCL.

nienstraße fünf Musterhaustypen – die Preise liegen je nach Grundstücksgröße von 200 bis 500 Quadratmeter bei 85.000 bis 129.000 DM. Die Auswahl an Gebäudetypen ist nicht groß: Wohnungen gibt es vor allem in zunächst drei Hochhäusern und acht Scheibenhäusern rund ums Einkaufszentrum, ansonsten besteht der Lerchenberg hauptsächlich aus Bungalows und Reihenhäusern, Reihenhäusern, Reihenhäusern. Reihenweise.

Die erste befestigte Straße ist die Rubensallee, denn die Erschließung erfolgt von Drais her über die Panzerstraße, während die zentrale Bauleitung ihre Baracke dort hat, wo heute das Bürgerhaus steht. Der damalige Bauleiter Rudolf Ruta erinnert sich in der lesenswerten Jubiläumsschrift „50 Jahre Lerchenberg" daran, dass der Bus nur bis Drais fährt und er zum Lerchenberg laufen muss. Neben dem Bürobau stehen fünf Baracken als Arbeiterunterkünfte,

Am 15. September 1967 bezieht Familie Strohschein ihr neues Haus im Kafkaweg 10. Bürgermeister Dr. Josef Hofmann (l.), Sozialdezernent Karl Delorme (2.v.l.), Baudezernent Dr. Hans Jacobi (3.v.l.) und Oberbürgermeister Jockel Fuchs gratulieren.

Die Hochhäuser an der Regerstraße, links die Rückseite des Lerchenberger Einkaufszentrums. Ein Bild aus der Mitte der 1970er-Jahre.

für die einmal die Woche ein Händler Bier und Schnaps liefert.

Am 15. September 1967 begrüßen Oberbürgermeister Jockel Fuchs, Bürgermeister Dr. Josef Hofmann, Baudezernent Hans Jacobi und Sozialdezernent Karl Delorme im Kafkaweg 10 die ersten zugezogenen Lerchenberger, Franziska und Konrad Strohschein. Von der Stadt gibts einen Teppich und von der AZ den Titel „Stamm-Eltern der Satellitenstadt". Keine zwei Monate später, am 11.11. kommt, ebenfalls im Kafkaweg, das erste Baby zur Welt als 75. Einwohner des Stadtteils. Schon ein Jahr später leben 240 Familien mit 80 Kindern hier, ein weiteres Jahr danach gehen schon 130 zur Schule. Bei 2900 Einwohnern sind mehr als ein Viertel Kinder bis zu 15 Jahren.

Der Lerchenberg ist damals, auch was die Bevölkerung angeht, der jüngste Stadtteil, während er ab den 1990er-Jahren, als die Kinder von einst längst weggezogen sind und die Gründergeneration hierbleibt, einer der ältesten wird. Bis dann wieder ein Generationenwechsel einsetzt.

Damals ist die Grundschule in zwei Wohnbau-Bungalows untergebracht, wobei der Weg dorthin in der Anfangszeit, als noch nicht alle Wege und Straßen fertiggestellt sind, beschwerlich sein kann. Noch schwieriger ist für die Kleinsten die Orientierung, weil gerade die Reihenhäuser zunächst alle gleich aussehen. Haben die Besitzer seither über die Jahrzehnte ihren Häusern eine eigene Note verliehen, baulich wie auch mit dem grünen Daumen, so ist damals alles einheitlich, noch ist auch nichts bepflanzt. Und in manchen Straßen haben alle Reihenhäuser blaue Haustüren.

Zu den waschechten Pionieren gehört die Familie von Döhren, die bereits am 30. September 1967 einzieht. Karin von Döhren schreibt im Erinnerungsbüchlein zum Fünfzigsten des Stadtteils von jenen kargen Jahren. Sie erinnert daran, dass es natürlich nicht sofort Telefon gibt, sondern lediglich eine Telefonzelle an der Ecke zur Büchnerallee, berichtet vom katholischen Gottesdienst beim Pfarrer im Keller im Kafkaweg 33 und von der Schwierigkeit des Einkaufens. Für den Wochenendeinkauf etwa bringt Herr von Döhren beim Spar-Markt von Frau Landua in Drais, unterhalb der Schule, eine Liste nebst Wäschekorb vorbei, der dann abends mit dem Gewünschten wieder abgeliefert wird.

Irgendwann 1968 gibt es dann die Rewe-Baracke, etwa dort, wo sich heute der Lerchenbergbrunnen befindet, die später dem Schulturnen

Blick vom Hochhaus in der Hindemithstraße auf Scheibenhäuser, Tankstelle, Einkaufszentrum und die Hochhäuser in der Regerstraße zwischen Anfang und Mitte der 1970er. Bis auf die Reste des hier abgeholzten Waldes ist der Stadtteil praktisch noch kahl.

und anderem Sport dient. Auch die Bauleiterbaracke findet noch eine Nachverwendung, denn dort zieht 1968 die Polizei ein. Ein Jahr später das erste schwere Verbrechen: ein Überfall auf die Filiale der Stadtsparkasse mit 13.000 DM Beute.

Anfang 1969 hat die junge Siedlung ihren ersten Skandal – das Lerchenberg-Wasser. Denn bei der ersten Nässeperiode sickert Wasser in die Keller, und nach dem Freilegen der Fundamente stellt sich heraus, dass viele Häuser ungenügend gegen Feuchtigkeit abgedichtet sind. OB Fuchs meldet sich umgehend zu Wort und nimmt die Bauträger in die Pflicht. Aber lange passiert erst mal nichts.

Und dann gibt es noch ein paar Aufreger. Etwa, als eine Wohnungsbaugesellschaft an der Hindemithstraße vor den Scheibenhäusern die Skulptur „Sitzendes Wildschwein" von Waldemar Grzimek aufstellt. Der Ortsbeirat ist wenig begeistert, aber das Tier darf dann doch bleiben und bringt den Geschosshäusern den arg despektierlichen Spitznamen „Wildsaugetto" ein. Und als eine SWF-Journalistin den Lerchenberg „ein typisches Beispiel für die Einfallslosigkeit öffentlicher Bauträger" nennt und meint, er stehe „für die Konsequenz, mit der viele Kommunen in Warnungen von Soziologen und Architekten in den Wind schlagen", da gibt es gar eine Bürgerversammlung.

Während die Erwachsenen anfangs zu kämpfen haben, ist der Lerchenberg für die Kinder ein gigantischer Abenteuerspielplatz mit Baugruben, Tümpeln, Maschinen, Werkzeug und Baumaterial, aus dem die ein oder andere Hütte entsteht. Kein Wunder, dass sich Karin von Döhren an die tägliche Waschmaschine voller Schlammwäsche erinnert. Und Gilbert Korte, seit 1971 Lerchenberger und heute Chef der Gebäudewirtschaft Mainz, schreibt einmal, dass ihn die vielen Baustellen angeregt hätten, Bauingenieur zu werden.

In dieser Baracke begann 1968 mit Rewe das Lerchenbeger Geschäftsleben. Rund zwei Jahre hält dieses Provisorium an, erst dann wird das Einkaufszentrum eröffnet.

Der schnell wachsende Stadtteil erhält 1968 einen Gemeindeausschuss mit Funktion eines Ortsbeirates, wobei sich die Zahl der Sitze je Partei an der Sitzverteilung im Stadtrat orientiert. Unter Vorsitz von Dezernent Karl Delorme (SPD) besteht das Gremium aus vier Mitgliedern der SPD, dreien der CDU und einem Liberalen. Die Kommunalwahl 1969 bestätigt in etwa die Verhältnisse: SPD 7, CDU 5, FDP 1, und zum Ortsvorsteher gewählt wird Sozialdemokrat Theo Riedel.

Zu den Marksteinen der Entwicklung zählt die Gründung des Sportclubs Lerchenberg am 11. Dezember 1969, der zwei Jahre später über 1000 und 1977 schon über 2000 Mitglieder zählt. Der SCL ist ungemein wichtig für das Miteinander. Denn auf dem Lerchenberg verläuft zwischen den vielen Einfamilienhäusern einerseits und den „Scheibenhäusern" andererseits, den gleichförmigen Wohnblocks im Süden, ein teils tiefer sozialer Graben. Dass er aber nicht zu tief wird, dass Gemeinsamkeiten und echtes Miteinander geweckt werden, daran hat vor allem der SCL einen riesigen Anteil.

Die 1970er beginnen mit einem lang ersehnten Ereignis: Am 29. April 1970 eröffnet das Einkaufszentrum für die damals 4036 Einwohner. Mit Läden, Ärzten, einer Apotheke und endlich auch Lokalen „Der Schinderhannes" ist eine urige Kneipe, dann kommt die Pizzeria „Bierkrug" und auf der Ecke zur Brucknerstraße der „Bildschirm".

Die Allgemeine Zeitung berichtet in jenen Jahren über kaum einen Stadtteil so viel, wie über den Lerchenberg. Kein Wunder: Hier ereignet sich ständig Neues, gibt es neue Planungen und Eröffnungen. So wie hier im April 1970 das Einkaufszentrum.

Einkaufszentrum in Lerchenberg

Die Pforten öffnen am 29. April

DAS EINKAUFSZENTRUM in Mainz-Lerchenberg wird am 29. April seiner Bestimmung übergeben. Alle Läden sind noch nicht „besetzt". Noch fehlen ein Haushalts- und Eisenwarengeschäft, ein Schuhgeschäft, ein Optiker und Uhrmacher, ein Rundfunkmechaniker und ein Café. Unser Bild zeigt, daß auf Hochtouren gearbeitet wird. Foto: Eckert

4035 Einwohner zählt Mainz-Lerchen- ... sten Zeit sprunghaft ansteigen wird, da

Das Einkaufszentrum sollte eigentlich im Herzen des Stadtteils liegen, durch die Streichung von Lerchenberg-Ost für die Ansiedlung des ZDF rückte es aber an den Rand.

Der Lerchenberg mit dem 1977 unterhalb des Sportplatzes errichteten Gebäude der Berufsgenosenschaften.

259 Lerchenberg 3

Der geschrumpfte Stadtteil

Als die Stadt Anfang der 1960er den Lerchenberg angeht, plant man großzügig, genauer gesagt 1089 Einfamilienhäuser und 1496 Mietwohnungen für rund 9500 Menschen. Doch die Zahlen schrumpfen, zunächst, weil Lerchenberg-Ost zugunsten der ZDF-Ansiedlung ersatzlos gestrichen wird. Zehn Jahre nach dem Erstzuzug anno 1967 zählt der Stadtteil zwar schon 7500 Einwohner, aber dann gehts – zahlenmäßig – auch schon wieder bergab. Der Tiefstand liegt bald nach der Jahrtausendwende bei 6200 Einwohnern, obwohl zwischenzeitlich das Gustav-Mahler-Viertel mit 750 Bewohnern dazugekommen ist. Aktuell, also Mitte April 2024, sind es wieder 6723, wobei es 349 mehr Lerchenbergerinnen als Lerchenberger gibt.

Wie es zu dem Rückgang gekommen ist? Da unter den früh Zugezogenen viele junge Familien sind, ist die Altersstruktur vor allem im

Die Mehrbildkarte zeigt Ansichten aus der Zeit nach 1981, als der Brunnen am Einkaufszentrum, da wo einst die Rewe-Baracke steht, eingeweiht wird. Die Bilder rechts oben und links unten zeigen den Lerchenberg-Nord, unten rechts das 1976 eröffnete Bürgerhaus.

Gebiet der Einfamilienhäuser relativ einheitlich. Als dann nach etwa 15 bis 25 Jahren die Kinder der Pioniere den Berg verlassen, sinkt die Einwohnerzahl rapide, während der Altersschnitt steigt. Klafft 1970 die Schere noch weit auseinander mit 39,1 Prozent Einwohnern unter 21 und vier Prozent über 65 Jahren, hat sie sich um die Jahrtausendwende mit 19,7 zu 14,5 Prozent schon fast geschlossen.

Zwischen Reihenhäusern und Bungalows kehrt also spätestens in den 1990ern Ruhe ein. Das ist manchem Bewohner sicher gar nicht so unrecht nach den teils wüsten 70ern und 80ern mit viel nächtlichem Unfug, lautem Moped- und Mofa-Geknatter, Lärm vorm Jugendzentrum …

Der Blick zurück zu den Anfängen zeigt, wie sich ab 1970 die Verhältnisse zunehmend stabilisieren, peu a peu all die Übergangslösungen abgelöst werden. Der Eröffnung des Einkaufszentrums 1970 folgt im Jahr darauf die Einweihung des Carl-Zuckmayer-Schulzentrums in Anwesenheit des Namensgebers, 1973 das evangelische Gemeindezentrum und 1976 das Bürgerhaus.

Alles wichtige Facetten für die Entstehung eines Zusammengehörigkeitsgefühls, wobei das Bürgerhaus so etwas wie den Höhepunkt darstellt, zumindest aus gesellschaftlicher Sicht. Denn die Vereine haben auf das Gebäude an der Hebbelstraße sehnsüchtig gewartet. Wobei das städtische Hochbauamt die Lerchenberger Vorstellungen nicht akzeptiert. Nur anders als man denkt.

So legt Ende 1972 der Ortsbeirat ein sorgfältig abgewogenes Raumkonzept vor, das einen großen Saal vorsieht, dazu ein kleines Restaurant, Kegelbahn, drei Jugendräume und so weiter. Doch da spielt die Stadtverwaltung nicht mit, weil – man hör und staune – das Konzept des Ortsbeirates den Bedürfnissen der Lerchenberger nicht genügend Rechnung trage. So bräuchte es einen größeren Saal und auch mehr Möglichkeiten für eine breit angelegte Jugendarbeit.

Die Verwaltung gibt mehr, als der Ortsbeirat fordert? Süße Träume aus alter Zeit. Weniger überraschend hingegen, dass es natürlich auch Bedenkenträger auf dem Lerchenberg gibt. So erinnern Anwohner an schlechte Erfahrungen in Hessen mit Bürgerhäusern, während die Schulelternbeiräte monieren, dass erst der zweite Bauabschnitt der Schule in Angriff genommen werden müsste. Doch im Februar 1974 erfolgt der Spatenstich und zwei Jahre später wird eine Woche lang Eröffnung gefeiert.

Für die vielen jungen Lerchenberger wird das Jugendzentrum für einige Jahre zum Lebens-

Zwei Faktoren sind wichtig für das Entstehen eines Gemeinschaftsgefühls im jungen Stadtteil: der SCL und das 1976 eröffnete Bürgerhaus.

Das Bürgerhaus wird zum Mittelpunkt des Stadtteils. Es bietet Seniorenzentrum, Jugendzentrum, einen großen und einen kleinen Saal, Gaststätte mit Kegelbahn. Dass es geschlossen werden muss, ist ein harter Schlag.

mittelpunkt, nicht zuletzt für den Autor dieser Zeilen. Oben Tischtennis und Billard, im Keller Werkstatträume, das Fotolabor von Willy Müller, alles unter Leitung von Laurenz Sohn und dem unvergessenen Alexander Swetlitschkin, dessen Auftreten allein schon ausreicht, manchen Konflikt zu ersticken. Ernster können die Konflikte aber auch werden, wenn Kostheimer auftauchen, bestimmte Klientel aus Bretzenheim … besonders wenn zwei Mal die Woche Disco ist.

Die Disco! Ein Raum im Stil damaliger Partykeller, also holzverkleidet mit Theke, zwei Nischen, niedriger Decke. Und jeder hat seinen

Die Einweihung der Bezirkssportanlage. Oberbürgermeister Jockel Fuchs gibt den Startschuss.

Platz: rechts am Tresen die Altvorderen, also 18 plus, die sonstige rechte Seite des Raums gehört der Klientel aus den Scheibenhäusern und den Auswärtigen, links und an den Rändern der Tanzfläche die Mittelstandskinder. Die einen tanzen Disco-Fox auf Barry White, Gloria Gaynor, Boney M., Santa Esmeralda, Donna Summer, Billy Ocean und natürlich auf Abba, während viele der Reihenhaus-Buben auf ein bisschen Hardrock warten, um die langen Haare zu schütteln. Sie schimpfen auf die Disco-Rutscher, wobei manch einer doch auch ganz gern lässig mit einer Dancing Queen ein paar Runden drehen würde. Aber die Musik-Fraktionen sind damals streng geteilt.

Es gibt noch eine zweite Disco, immer Freitagabend im Gemeindezentrum, im GZ. Sie hat länger auf, deshalb ist dort auch ein eher etwas älteres Publikum. Es gibt auch eine Teestube mit Räucherstäbchen, dicken Kissen und Musik von Mike Oldfield, Pink Floyd … es sind halt die 70er.

Das Angebot für die Jugendlichen ist damals gut auf dem Lerchenberg. Ob Sport beim rührigen SCL oder eben die Freizeitangebote, die die Stadt im Jugendzentrum auf die Beine stellt. Dazu gehören auch Konzerte im Bürgerhaus, aber das ist oft zu gut gemeint. Bei Folk-Konzerten sind manchmal so wenige

Der SPD-Vorsitzende und frühere Bundeskanzler Willy Brandt besucht 1979 das SPD-Fest auf dem Lerchenberger Bolzplatz in der Nähe des Forsthauses.

Rauschgift-Bande gefesselt auf dem Lerchenberg

Kripo und Schutzhunde sicherten Ortstermin im ehemaligen Haschisch-Depot einer Tankstelle

Beim Mainzer Prozess gegen Drogenschmuggler, die 1977 an der Tankstelle auf dem Lerchenberg zwei Tonnen Rauschgift bunkern, gibt es einen spektakulären Ortstermin.

Zuschauer da, dass sie sich zu den Musikern auf die Bühne setzen können. Nach einigen Jahren, eben auch durch die Entwicklung der Altersstruktur, wird es still ums Jugendzentrum. 1980 wird das SCL-Vereinsheim eröffnet, im gleichen Jahr das Hotel „Am Lerchenberg", das aber in nächster Zeit zugunsten eines Vollversorgers abgerissen werden soll. Ein Jahr später geht unterhalb des Hotels der Brunnen in Betrieb und 1984 wird in der neuen katholischen Kirche die erste Messe gefeiert.

Auch wenn der Lerchenberg insgesamt ein relativer ruhiger Stadtteil ist, bleiben Aufreger natürlich nicht aus. So gibt es etwa die – zum Glück erfolglos gebliebenen – Proteste in Lerchenberg-Nord gegen die Einrichtung einer Behinderten-Wohngemeinschaft der „Lebenshilfe". Und dann stoßen 1975 die Pläne für eine Klinik jenseits der Schnellstraße auf Marienborner Gemarkung auf wenig Gegenliebe.

Richtig aufregend wird es aber, als 1977 mitten im Stadtteil das größte Haschisch-Depot der Republik ausgehoben wird. Es geht um 1,6 Tonnen Haschisch aus Persien im Marktwert von sechs Millionen Mark, das eine deutsch-iranische Bande in nur zwei Monaten vom damals noch jugoslawischen Zagreb nach Deutschland schmuggelt. Deren Depot ist in der Tankstelle auf dem Lerchenberg.

AZ-Polizeireporter Bernd Funke berichtet damals ausführlich über den Sensationscoup der Mainzer Kripo mithilfe von Bundes- und Landeskriminalamt. Nachdem man im Februar des Jahres den Tankstellenpächter beim Verkauf von 35 Kilo Hasch in Kastel erwischt und daraufhin das Depot auf dem Lerchenberg entdeckt, hebt man bis Juli die ganze Bande aus, die aus dem Hessischen stammt. Insgesamt geht es um vier Tonnen Drogen, von denen zwei nach Holland weitergeleitet werden. Verpackt sind sie in Weißblechkanistern in Wellpappenhülle

Die Lerchenberger Polizeiwache wird 1976 in Anwesenheit des Landesinnenministers eingeweiht. Wie auch das Bürgerhaus ist sie schon 40 Jahre später schwer marode, eine große Belastung für die Beamtinnen und Beamten.

2022 wird die Wache „aus baulichen Gründen geschlossen". Container dienen als unzureichender Ersatz, erst Ende 2025 soll sie wieder nutzbar sein.

und transportiert wird alles in einem präparierten Hanomag-Henschel F 45-Transporter mit Kofferaufbau.

Beim Prozess 1978 vor der 4. Großen Strafkammer des Mainzer Landgerichts unter dem legendären, sehr strengen und bisweilen lautstarken Vorsitzenden Richter Hilt spielt die Tankstelle nochmal eine große Rolle, als ein Ortstermin anberaumt wird; mit den Angeklagten und dem vom BKA eigens herbeigeschafften Drogentransporter als den Hauptdarstellern. Viele schaulustige Lerchenberger sehen voller Spannung und mit einem gewissen Grusel, wie die gefesselten Untersuchungshäftlinge vorgeführt werden, aber der gigantische Aufwand wird damals vor allem von den Verteidigern verspottet.

Den deutschen Rekord für den größten Drogenfund hält der Lerchenberg allerdings nur wenige Jahre. Er wird 1990 abgelöst, aber nicht von einem Fund in einer der deutschen Metropolen, wie man ja vermuten könnte, sondern von – Nieder-Olm. Dort geht es sogar um 9,7 Tonnen Rauschgift.

Einer der Wachtürme an der damaligen Nike-Raketenbasis im Ober-Olmer-Wald.

260 Lerchenberg 4

Von Panzer, Bus und Bahn

Einen Wald direkt vor der Haustür, damit haben die Lerchenberger das große Los gezogen. Wenn auch die ersten knapp 25 Jahre das Spazierengehen nicht immer die reine Freude ist, denn ganz alleine gehört ihnen das Waldstück nicht. Die US-Army beansprucht rund ein Drittel der Fläche des Waldes und auch auf dem Rest der Fläche toben sie sich gern bei Übungen mit Infanterie, Kampf- und Schützenpanzern aus. Schwierig dabei: Die Amerikaner haben die älteren Rechte.

Die US-Army ist schon lange da, bevor die ersten Lerchenberger ankommen, genauer gesagt: seit 1951. In jenem Jahr rücken die Franzosen aus der Gonsenheimer Caserne Mangin ab, der ehemaligen Kathen-Kaserne, weil im verlustreichen Kolonialkrieg in Südostasien dringend neue Truppen gebraucht werden, worauf die US-Army nach Mainz nachrückt. Die Amerikaner haben einerseits das Übungsgelände auf dem Großen Sand, requirieren aber auch Teile des Ober-Olmer Waldes. Sie bau-

en 1952 sogar eigens die Panzerstraße von Gonsenheim an Drais vorbei zum Wald für ihre schweren Kettenfahrzeuge.
Doch mehr noch: Es werden nicht nur Übungen abgehalten, sondern auch feste Anlagen aufgebaut. Die Lage ist ideal, weil auf der anderen Seite des Waldes ja der Finther Flugplatz liegt. 1953 wird ein großes Munitionsdepot errichtet und vier Jahre später eine Stellung für Nike-Hercules-Raketen, die sogar atomar bestückt werden können. Das wird damals nicht als Problem angesehen, weil der Wald ja weit vor der Stadt auf Kreisgebiet liegt und mangels Anbindung nicht gerade ein beliebtes Erholungsgebiet ist. Aber das ändert sich mit dem Bau des neuen Stadtteils.
Da beginnen die Konflikte: Nicht nur, dass Spaziergängern ständig Zäune im Weg stehen, die Spazierwege von Panzerketten tief zerwühlt sind, Bäume von Panzern gefällt, Schonungen platt gefahren werden. Es kommt auch immer wieder zu problematischen Begegnungen zwischen übenden Soldaten und Erholungssuchenden. Einmal werden Spaziergänger sogar mit Nebeltöpfen beworfen.

TRAINING AREA BOUNDARY
OF THE U.S. FORCES
- CAUTION -
ENTRY AT YOUR OWN RISK
THE (COMMUNITY) COMMANDER

GRENZE DES UEBUNGSPLATZES
DER AMERIKANISCHEN STREITKRAEFTE
- WARNUNG -
BETRETEN AUF EIGENE GEFAHR
DER STANDORT KOMMANDANT

Solche Schilder hingen im Ober-Olmer-Wald und sorgten für viel Unmut und Ärger bei den Lerchenbergern.

Gemeinsam mit rund 300 Bürgern stellte Oberbürgermeister Herman-Hartmut Weyel am Sonntag Warnschilder im Ober-Olmer Wald auf. Er verteilte außerdem grüne Sticker mit dem Slogan: „Stop - Ober-Olmer Wald für uns!"
Fotos: Torsten Zimmermann

George Bush auf Problem hinweisen

Rund 300 Bürger stellten mit OB Weyel im Ober-Olmer Wald Schilder auf

„Militärische Übungen auf eigene Gefahr". Mit diesen ironischen Schildern kontern die Lerchenberger die Warnungen der Amerikaner. OB Weyel stellt selbst ein Schild auf.

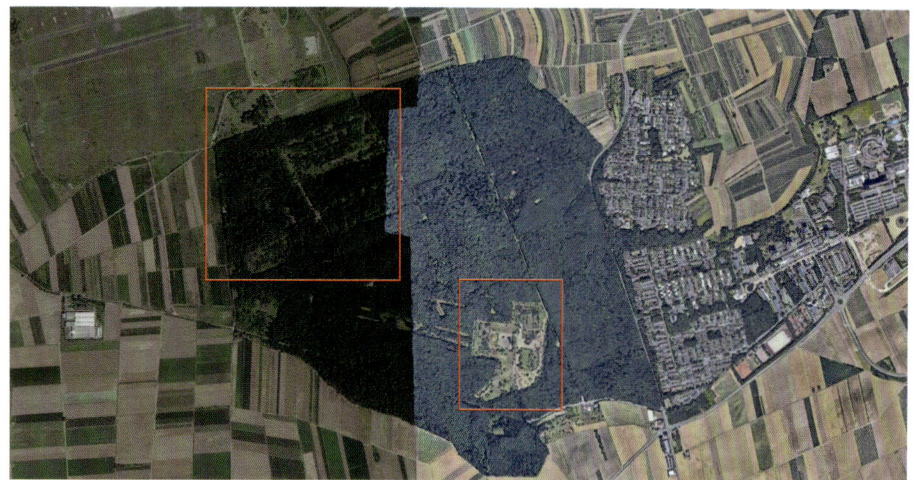

Auf dem Luftbild erkennt man die ehemaligen Militärgelände: Oben links das Munitionslager, unten rechts die Reste der Raketenstellung.

Die Lerchenberger protestieren natürlich, es gibt immer wieder Gespräche zwischen der Kommunalpolitik und der Army, doch so richtig ändert sich nichts. Schlimmer noch: In den 1980ern beansprucht das US-Militär sogar noch mehr Platz im Wald. Wüster Protest setzt ein, alle ziehen an einem Strang, und das Übel kann abgewendet werden. Und 1993, nachdem die Truppen aus dem Golfkrieg heimkehren, ziehen die US-Truppen ohnehin aus Deutschland ab. Damit gehört das Naherholungsgebiet wieder den Bürgerinnen und Bürgern. Wenn es auch ein arg ramponierter Wald ist, denn die Amerikaner ziehen zwar ab, lassen aber alles stehen und liegen.

Es ist nicht die einzige Fläche, die dem Land dergestalt hinterlassen wird, und Mitte der 90er wird der Ober-Olmer Wald als eines mehrerer Konversionsobjekte ausgewählt. Der militärische Raum soll also wieder in eine zivile Nutzung überführt werden, aber während es sich bei vielen solcher Flächen um Kasernen handelt, geht es hier um das „Ökologische Modellprojekt Konversion Ober-Olmer Wald". Dabei ist es ein schwieriges Unterfangen, Bunker mit extrem dicken und gut armierten Betonmauern zu knacken, aber es dauert auch einige Jahre, kilometerlange Zäune abzubauen, rund sechzig Gebäude abzureißen, verschiedene Stellen auf Verseuchungen zu überprüfen

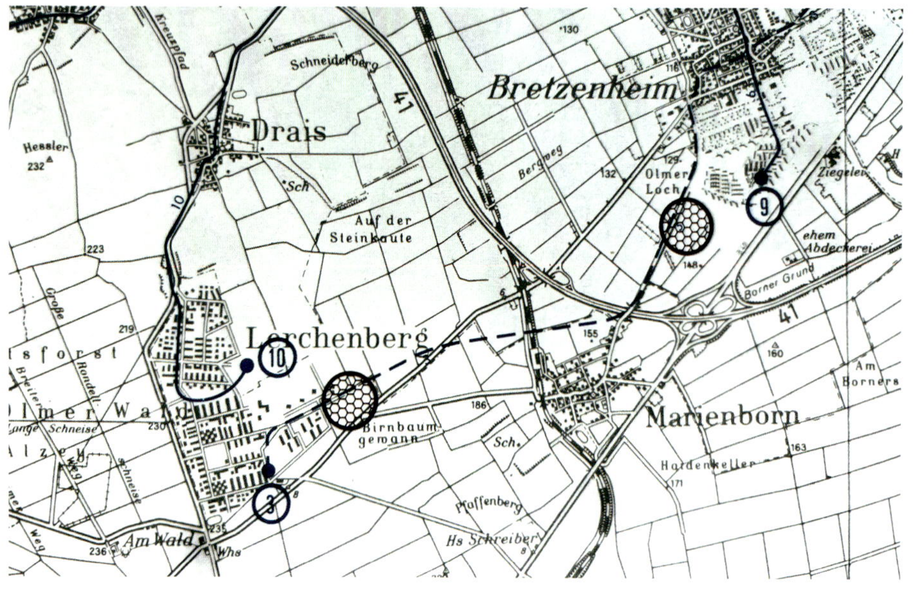

Ein erster Plan von 1970 zeigt, dass die Straßenbahn (gestrichelt) in Verlängerung der Bretzenheimer Linie 8 die Trasse am Ostergraben erreichen und auf dem Lerchenberg am Gemeindezentrum zur Rilkeallee abknicken soll.

Bus der Linie 17 in den 1970er-Jahren an der Endstation in der Hindemithstraße.

und im Zweifelsfall zu sanieren. Ein paar Bunker bleiben stehen, bieten heute Fledermäusen Quartier. 1998 ist man fertig.

Als einst die langen Panzerkolonnen von Gonsenheim in den Wald und wieder zurückfahren, braucht man als Autofahrer gelegentlich starke Nerven. Denn Kolonnen-Hopping mit kurzzeitigem Ein- und Ausscheren zwischen den Panzern ist lebensgefährlich, also gilt es, Geduld zu wahren. Viel Geduld.

Der Weg über Drais in die Stadt ist mit dem Auto der bequemste, denn schon Ende der 1960er wird die Saarstraße ausgebaut, während die Fahrt über die Essenheimer Straße beschwerlicher ist. Zwar wird sie 1974 vierspurig ausgebaut, aber nicht viel weiter als bis zum Autobahnanschluss. Also führt dort der Verkehr Richtung Innenstadt mitten durch Bretzenheim und Zahlbach oder über den Ostergraben und die Draiser Straße. Die Koblenzer Straße als

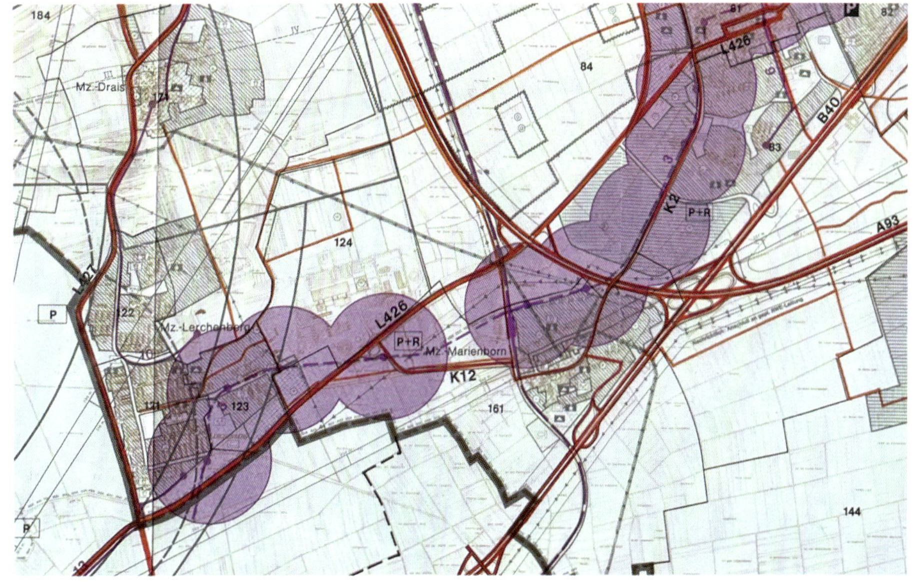

Neuer Plan für die Entwicklung des ÖPNV mit der Straßenbahn auf dem Lerchenberg. Die lila Kreise zeigen die 400-Meter-Entfernung bis zur nächsten Haltestelle.

Am 28. November 2016, frühmorgens um 3.49 Uhr, erreicht die erste Straßenbahn bei einer Testfahrt den Lerchenberg.

Bretzenheim-Umgehung wird erst Anfang der 1980er vollendet.
Die Essenheimer Straße, die L 426, wird zunächst vor allem als Autobahnanbindung für das ZDF gebaut, aber 1976 geht der Ernstfall komplett schief. Denn just als Königin Elizabeth II. aus der Stadt zum ZDF chauffiert werden soll, um dort an einer großen Veranstaltung teilzunehmen, ereignet sich im Dauerregen an der Schnellstraße ein Erdrutsch. Der königliche Konvoi muss weite Umwege fahren, um überhaupt zum ZDF zu gelangen.
Der Öffentliche Personennahverkehr zum Lerchenberg kommt recht zügig in Gang. Bereits vier Tage, nachdem der OB die erste Familie begrüßt, fährt erstmals ein Stadtbus zum neuen Stadtteil, eine Verlängerung der Linie 16 Laubenheim – Schillerplatz, die über Finthen und Drais zum Lerchenberg geführt wird. Zwei Jahre später wird die aus Ginsheim kommende 17 zum Lerchenberg verlängert, während die 16 nun Endziel Finthen hat. Seit 2000 trägt die Lerchenberger Linie die 54.
Sehr schnell entsteht der Gedanke, dass die Satellitenstadt mit der Straßenbahn angeschlossen werden soll, doch es ist ein langer Weg, ein ewiges hin und her, bis am frühen Morgen des 28. November 2016, exakt um 3.49 Uhr, bei einer Testfahrt erstmals eine Straßenbahn den Lerchenberg erreicht.
Schon Anfang der 1970er-Jahre beginnt die Planung, die 1972 konkret wird. Vorgesehen ist eine Verlängerung der Linie 8 von der Endhaltestelle an der Bahnstraße im Bretzenheimer Ortskern mittels eines Tunnels Richtung Ostergraben und weiter nach Marienborn. Die Kosten werden auf 17 Millionen D-Mark beziffert, wovon der Bund 60 Prozent und das Land 20 bis 25 Prozent tragen sollen und die Stadt drei Millionen Mark.
Ab Ostergraben wird die Strecke auf allen Plänen festgeschrieben und freigehalten. Das kann man über die Jahrzehnte auch erkennen. Als etwa 1996 die VRM nach Marienborn zieht, gibt es parallel zum gepflasterten Firmenparkplatz noch einen unbefestigten Streifen, auf dem die Mitarbeiter ebenfalls parken dürfen – das ist die freigehaltene Trasse, auf der heute die Straßenbahn fährt.
Das Projekt kommt immer wieder auf, wird dann für tot erklärt, wiederbelebt, um es wieder zu beerdigen. Die Tunnelidee stirbt als erste, dann auch Rodelberg – Pariser Straße – Bretzenheim, aber 1981 wird neben der Variante Saarstraße - Ostergraben auch eine via Römersteine und Albert-Schweitzer-Straße bis Ostergraben geprüft. 1985 ist das geplante Schott-Forschungszentrum erneut Grund, sich mit der Straßenbahn zu befassen und so weiter und so weiter, bis im Mai 2010 der Mainzer Stadtrat mit 55 Ja-Stimmen den Bau der „Mainzelbahn" zum Lerchenberg beschließt.
Als nach über 40 Jahren der Irrungen und Wirrungen an jenem frühen Novembermorgen 2016 die erste Straßenbahn problemlos die Strecke befährt und auf dem Lerchenberg an den Bahnsteig rollt, sind die Protagonisten berührt, allen voran MVG-Geschäftsführer Jochen Erlhof, der sich im Laufe von Planung und Um-

Erinnerung an die Linie 17, die nach der mit Wiesbaden abgesprochenen Nummernreform nun schon viele Jahre die Nummer 54 trägt. Hier ein MAN-Gelenkbus in der Binger Straße.

Am 11. Dezember 2016 wird die Mainzelbahn auf dem Lerchenberg offiziell eröffnet.

setzung unzählige Male kritische Fragen hat anhören müssen und nun – genau wie die Straßenbahn – am Ziel ist.

Dass das Ziel ziemlich am Rand des Lerchenbergs, am Einkaufszentrum liegt, bedeutet für viele Einwohner einen weiten Weg, ist aber Wunsch der Lerchenberger selbst. Sie lehnen eine Führung bis zum Bürgerhaus ab. Wobei gerade diese Variante für ältere Menschen von Vorteil gewesen wäre.

Blick auf Marienborn um 1910, links das fünf Jahre zuvor erbaute Empfangsgebäude des Bahnhofs.

261 Marienborn 1

Als Goethe vom Chausseehaus aus Mainz brennen sieht

Drei Jahre nach der Eingemeindung von 1969, als Finthen, Drais, Hechtsheim, Ebersheim, Laubenheim und Marienborn vom Kreis der Stadt Mainz zugeschlagen werden, erscheint das Buch „Mainz im Luftbild". Herausgegeben von der Landesbildstelle Rheinland-Pfalz beim Mainzer v. Hase & Koehler Verlag zeigt es alle Viertel der Innenstadt und die Stadtteile in Schrägaufnahme aus wenigen hundert Metern Höhe. Ein tolles Buch, das heute noch gesucht ist, weil man wunderbar die seitherige Entwicklung ablesen kann. Außer für Finthen und Marienborn, die aus unerfindlichen, im Buch nicht ausgeführten Gründen vergessen werden.

Das haben die beiden Stadtteile selbstredend nicht verdient und schade ist es obendrein. Denn den Entwicklungsstand von etwa 1970/71, als die Luftaufnahmen entstehen, mit dem von heute zu vergleichen, wäre interessant. Aber dem Autor liegt wenigstens ein Marienborn-Foto der US Air Force vom März 1953 vor. Das ist zwar aus ca. zehn Kilometern Höhe aufgenommen, zeigt dafür sehr schön die einsame Lage Marienborns, man sieht, wieviel Abstand noch bis Bretzenheim herrscht und dass der Ort noch weithin von Feldern umgeben ist. Als die Amerikaner das Luftbild aufnehmen, ist Marienborn auch noch nicht „eingerahmt", wie es mein Kollege Claus Wolff in seinem Buch „Die Mainzer Stadtteile" beschreibt. Er

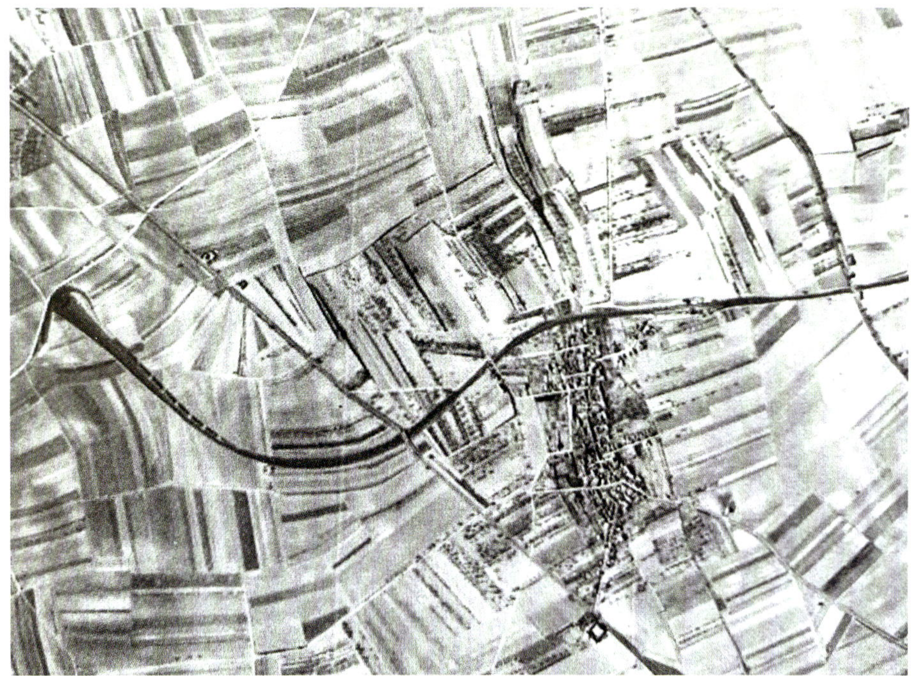
Marienborn 1953 aus etwa 10000 Metern Höhe. Dunkel von rechts nach links die Bahnstrecke, die dann in den Tunnel mündet, während diagonal von unten rechts nach oben links die B 40 zu erkennen ist.

meint damit die Verkehrswege, die den Ort seit Jahrzehnten in ein enges Korsett einschnüren. Der Mainzer Ring mit der B 9, heute A 60, entsteht in den 60ern und der erste Abschnitt der A 63 in Richtung Alzey bis Nieder-Olm wird 1976 eröffnet, im gleichen Jahr die vierspurige Essenheimer Straße nördlich von Marienborn. Fehlt das Kapitel Marienborn im Buch „Mainz im Luftbild", findet der Ort auch schon in alten Landschaftsbeschreibungen kaum und in den klassischen Reiseführern des 19. und 20. Jahrhunderts keine Erwähnung; nicht einmal die barocke Pfarr- und Wallfahrtskirche St. Stephan aus dem 18. Jahrhundert. Die erhebt sich nicht nur schön über dem alten Ort und prägt ihn, sondern gilt auch wegen ihrer „ungewöhnlich

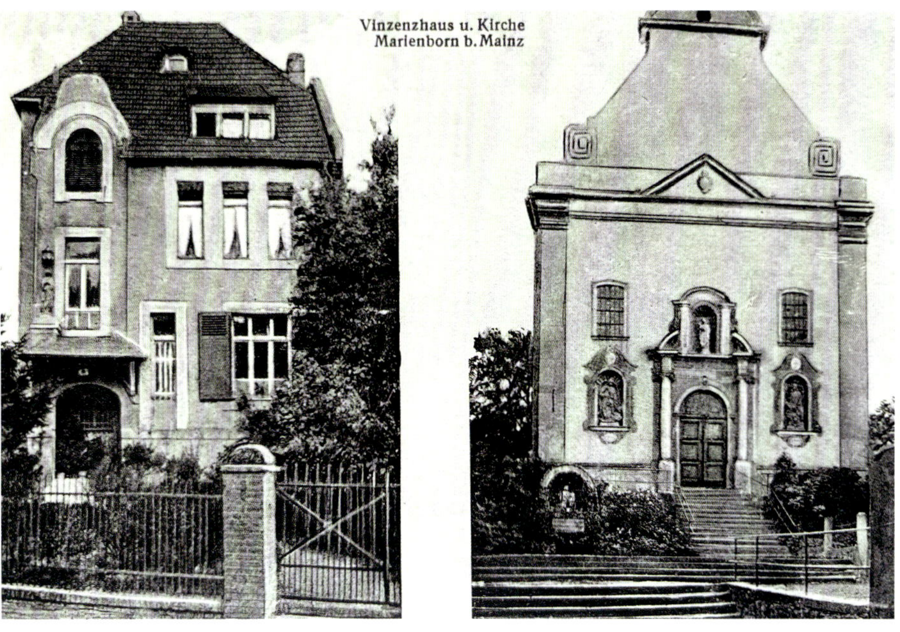

Die schöne Marienborner Kirche und das Haus der Vinzentinerinnen, jener Schwesternorden, der von Bischof Ketteler für die Krankenpflege gegründet worden ist.

Portal des Emeriten- oder Priesterhauses, einst Hauptquartier der Koalitionsarmeen, die 1793 Mainz belagern. Heute betritt man hier den Marienborner Friedhof.

reichen Ausstattung ... als eine der bedeutendsten mittelrheinischen Dorfkirchen", wie die Denkmaltopographie Stadt Mainz, Band 2.3, schreibt. Einzig das Reichs-Tourenbuch des ADAC von 1930 erwähnt in zwei Zeilen Marienborn als Ort an der Reichsstraße 40 nach Alzey.

Selbst das an eben jener R 40 liegende Chausseehaus findet bei den Autoren von Baedeker, Grieben und Woerl keine Gnade, dabei spielt gerade dieses alte Zollhaus wie überhaupt Marienborn in den Revolutionskriegen 1792/93 mit der Belagerung von Mainz eine bedeuten-

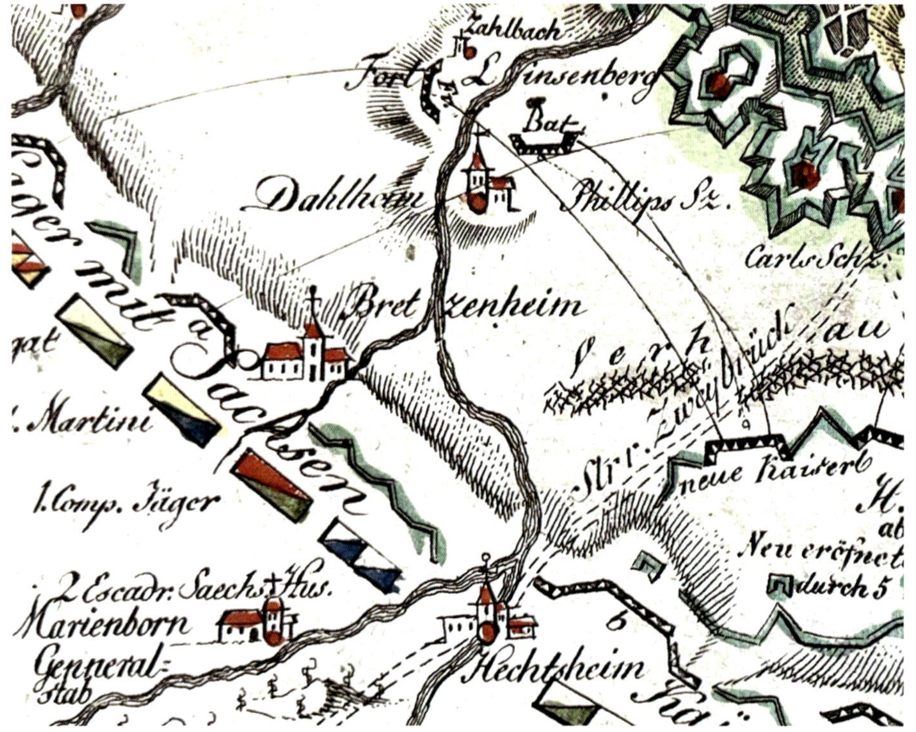

Ausschnitt aus der Belagerungskarte von 1793: Unten links steht „Marienborn Generalstab".

Die Ansichtskarte zeigt das Chausseehaus, 1793 Goethes Quartier, und nicht das Hauptquartier, weshalb der Text über dem Bild falsch ist.

de historische Rolle. Man kann sogar sagen, dass der Ort in jenen Jahren seine größte Bedeutung erlangt.

Aber nun erst einmal auf Anfang. Marienborn hat Wurzeln bis in die Bronzezeit, ist auch in römischer Zeit besiedelt, um danach erst einmal in Vergessenheit zu geraten. Der Ort feiert 1995 sein 1000-jähriges Bestehen, bezieht sich auf eine erste urkundliche Nennung, doch Historiker Friedrich Schütz weist ausgerechnet in der damaligen Jubiläumsschrift nach, dass die Erwähnung anno 995 einen anderen Ort meint. Stattdessen trete Marienborn erst 1145 mit der ersten Erwähnung in die Geschichte ein, also 150 Jahre später.

Die weitere Geschichte verläuft über Jahrhunderte unspektakulär. Marienborn erlebt den Tiefpunkt, als die Pest 1666 von 120 Einwohnern gerade Mal 25 am Leben lässt, um dann eine Blüte im 18. Jahrhundert zu erleben. Da wird die Kirche gebaut, das Chausseehaus, dann das Emeritenhaus in der Mercatorstraße für alte, kranke Priester, von dem heute noch das Portal als Friedhofseingang existiert.

Und dann wird Marienborn für einige Monate so etwas wie der Mittelpunkt der europäischen Geschichte. Erst kommen im Herbst 1792 die Franzosen mit ihrem Revolutionsheer, das Mainz einschließt. Deren General de Custine nimmt Quartier im Priesterhaus, wo auch am 21. Oktober die Mainzer Kapitulation unterzeichnet wird. Doch schon im März sieht das Emeritenhaus neue Bewohner, wird es Hauptquartier der alliierten deutschen Truppen unter preußischer Führung, die mit 44000 Mann nun ihrerseits das besetzte Mainz einschließen.

Die Österreicher liegen zwischen Hechtsheim und Marienborn, wo oberhalb des Ortes der preußische König Friedrich Wilhelm II. seine Zeltstadt aufschlagen lässt. Im Anschluss halten die Sachsen die Stellung, dann die Preußen zwischen Finthen und Budenheim. Dazwischen stehen die Kontingente der kleineren Staaten, wie etwa die Kürassiere des Herzogs von Sachsen-Weimar, in dessen Gefolge Johann Wolfgang von Goethe am 27. Mai nach Marienborn kommt. „Ich war in ein Dorf recht schön einquartiert, da haben mich die Wanzen wie gewöhnlich heraus gejagt. Nun schlafe ich wieder im Zelte …", schreibt er seiner Frau. Er nächtigt auch kurz im Ober-Olmer Forsthaus, bevor er mit dem Herzog ins Chausseehaus zieht.

Goethe verfasst 30 Jahre später seinen Bericht „Die Belagerung von Mainz", in dem er auch den dramatischen Überfall der Franzosen auf das Marienborner Hauptquartier schildert. Durch Verrat des Ober-Olmer Gerichtsschrei-

Eine Mehrbildkarte eher bescheidener Qualität, die neben dem Panorama von Norden noch zwei Szene aus der heutigen Straße Im Borner Grund zeigt.

bers Lutz kennen sie die Parole, das „Feldgeschrei", und kommen so in der Nacht zu Fronleichnam durch die Vorposten und rücken unbemerkt über die Gaustraße (Pariser Straße) nach Marienborn vor. „Plötzlich um ein Uhr brach ein Höllenlärm los. Musketen knallten, Menschen schrieen, dumpfe Schläge von Kanonen ...", schreibt der Dichterfürst, doch bevor die Franzosen das Hauptquartier im Priesterhaus stürmen können, setzt der Gegenstoß ein.

„Nach eineinhalb Stunden war der Spuk zu Ende", schreibt Goethe, doch während die Franzosen unter Zurücklassen zahlreiche Toter ihre Linien in Mainz oberhalb von Zahlbach erreichen können, erwischen die Preußen den verräterischen Gerichtsschreiber. Zwei Tage später wird er, so heißt es, am Bretzenheimer Galgen, nur 50 Meter vom Chausseehaus entfernt, gehenkt.

Goethe bleibt bis zur Mainzer Kapitulation Ende Juli, ist erschüttert über die Zerstörungen durch die verheerende Beschießung, die er selbst vom Chausseehaus aus verfolgt, und die damals so etwas wie ein Medienereignis ist. Die „Bombardierung" wird gemalt, es wird überall im Reich berichtet. Auch Goethe schreibt an seine Frau, „daß alle Nacht die Stadt bombardiert wird und nun so vor unseren Augen verbrennt."

Ein Bild, das sich 149 Jahre später wiederholt. Dr. Hans Mossel fotografiert vom Chausseehaus aus in der Nacht vom 12. auf den 13. August 1942 nach dem ersten von zwei nächtlichen Angriffen der britischen Royal Air Force die brennende Stadt. Ein furchtbarer Anblick. Ein Blick in den Glutofen.

Der ersten Besetzung durch die Franzosen folgt 1795 die nächste, ab 1814 quartieren sich die mit den Preußen verbündeten Russen ein, die den Marienbornern schwerste Bedingungen aufzwingen. Und es bleibt auch unter dem

Wenn der Fotograf kommt, strömen einst die Menschen auf die Straße, natürlich auch in Marienborn in der Hauptstraße, heute Im Borner Grund.

neuen hessischen Landesherrn schwierig, denn die Einwohnerzahl wächst, der Ort aber nicht. Und über Jahrzehnte verharrt die Bebauung vor allem an der Hauptstraße (heute Im Borner Grund) zwischen Hohl- (heute Mercator-) und Klein-Winternheimer Straße. Erst nach Bau der Eisenbahnstrecke Mainz-Alzey 1871 wächst der Ort. Und er verändert sich.
In dem Buch „Marienborn und seine 1000jährige Geschichte" gibt Stadtarchivdirektor Friedrich Schütz interessante Einblicke, wie sich die Erwerbstätigkeit am Beispiel der Jahre 1861 und 1925 verändert. In dieser Zeit wächst die Bevölkerung von 590 auf 825 Einwohner, wobei die Zahl jener, die von der Landwirtschaft leben, von 311 auf 261 sinkt, prozentual von 52,7 auf 31,6 Prozent. Gleichzeitig steigt die Zahl jener, die von Industrie und Gewerbe leben, von 220 auf 347 bzw. von 37,3 auf 42,1 Prozent. Bei Handel und Verkehr sind es 24/109 bzw. 4,1 zu 13,7 Prozent.
Die Industrialisierung hat also Marienborn erreicht, wenn auch die meisten Arbeitsplätze nicht am Ort sind. Aber das ist das Schicksal aller Arbeiter in den weiter draußen gelegenen Vororten.

Neben dem üblichen Ortspanorama zeigt diese Karte noch Bahnhof und Hauptstraße, heute Im Borner Grund.

262 Marienborn 2

Mit dem Frühzug zur Waggonfabrik

Macht sich heute jemand Gedanken, wie er von Marienborn in die Stadt zur Arbeit kommt? Er nimmt die Mainzelbahn, den Bus, fährt mit dem Rad, dem Auto – alles kein Problem. Da ist kaum mehr vorstellbar, wie weit der Ort einst vor der Stadt liegt. In den Zeiten vor der Industrialisierung kein riesiges Problem: Man arbeitet im Dorf, was zum Leben gebraucht wird, gibt es ebenfalls da und wenn Amtliches gefragt ist, so gibt es die Bürgermeisterei. Die Landwirte, die ihre Produkte auf dem Markt in Mainz feilbieten, haben dafür Fuhrwerke. Ansonsten ist man stundenlang zu Fuß unterwegs. Bei Wind und Wetter.

Die Situation wird, wie in vielen Dörfern im Umfeld der Städte, Mitte des 19. Jahrhunderts unerträglich. Die Orte wachsen, ohne genug Arbeit zu bieten, und wer in Gewerbe und Handwerk, in der aufkommenden Industrie etwa in Mainz, Mombach oder Weisenau un-

Karte von 1911. Heute ist Marienborn von Bretzenheim nur noch durch die Autobahn getrennt, ansonsten ist man praktisch mit dem Nachbarort verwachsen.

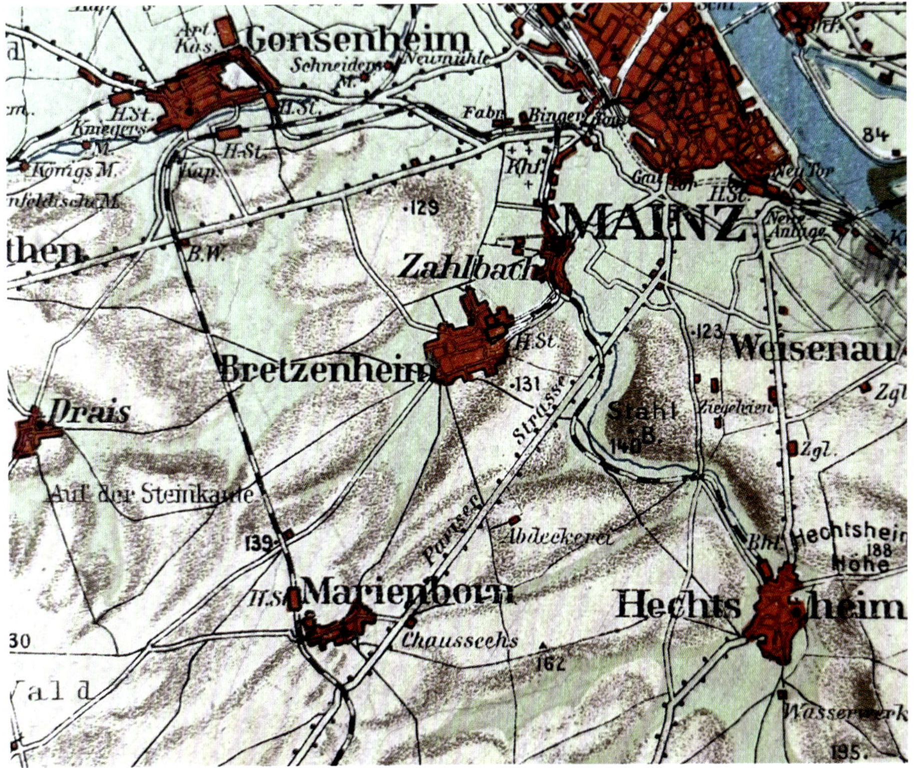

terkommt, dem wird vieles abverlangt. Sechs Tage die Woche 12 bis 13 Stunden Arbeit und dann noch zwei Stunden Fußmarsch oder länger zur Fabrik und abends zurück. Für die Marienborner bringt erst die Eisenbahn merklich Entlastung.

Am 18. Dezember 1871 geht die Strecke Mainz-Alzey in Betrieb, die die Anbindung an die Fabriken in Mainz herstellt. Die Frühzüge fahren so, dass die Arbeiter vor 6 Uhr, dem üblichen Schichtbeginn, in der Stadt sind, oder auch an der Mombacher Waggonfabrik Gastell, die einen eigenen Haltepunkt erhält.

Die Züge führen die teure 2. Wagenklasse mit Polstern, vergleichbar mit der heutigen 1. Klasse, dann 3. Klasse mit Holzbänken und die billige 4. Klasse für Reisende mit Traglasten (bis 1927), die gern auch von Marktbeschickern genutzt wird. Für die, wie auch für Arbeiter gibt es günstige Fahrkarten, womit die Bahn dafür sorgt, dass der Industrie ein großes Potenzial an Arbeitskräften im Umland erschlossen wird. Die Königlich Preußische und Großherzoglich Hessische Eisenbahn, später Reichsbahn, ab September 1949 Bundesbahn sind für rund 100

Das Haus Lena Klein, Hauptstraße 15, das 1970 abgebrochen wird um 1911. Von links: Anna Sickinger, Katharina Maierhöfer, Anna Schwalbach, Agnes Krost, Lenchen Sickinger, Johann Kiefer, Lena Klein.

238 (*244 f. 253 a. 253 b*) **Kaiserslautern—Alzey—**[Wendelsheim-] **Mainz**

Alle Züge, soweit nicht anders vermerkt, 2. u. 3. Kl.

✕ Kaiserslautern-Enkenbach: *RBD Saarbrücken*, Enkenbach-Mainz: *RBD Mainz*

◎ Saarbrücken—Kaiserslautern—Worms—Biblis—Frankfurt (—Berlin Potsd Bf) mit Schlafwagen 1. u. 2. Kl. s. 234. 238 b. 237 a. 245
◐ Durchlaufende Verbindung Bingerbrück—Landau—Karlsruhe s. 174. 236. 234. 234 d
B Züge halten in Waggonfabrik

Fahrplan der Strecke Kaiserslautern – Kirchheim-Bolanden – Alzey – Marienborn – Mainz aus dem Jahr 1938. Das B in den Fahrplanspalten bedeutet, dass die Züge auch an der Waggonfabrik halten, wichtig für viele Arbeiter.

Jahre fast die einzige Anbindung Marienborns an den öffentlichen Personennahverkehr. Ganz kurz wird Ende der 20er-Jahre die städtische Buslinie von und nach Nieder-Olm über Marienborn geführt, aber mangels Nachfrage dann nur noch über Drais, das gleiche noch mal nach dem Zweiten Weltkrieg.

Ab 1949 fährt die Bahnbuslinie 1273a Mainz – Gau-Bickelheim auch Marienborn an. Allerdings gibt es keine Haltestelle im Ort, sondern an der B 40, und erst ab Sommer 1950 wird eine Morgenverbindung für Schüler geboten. Der Stadtbus lässt auf sich warten, erst am 4. August 1969, zwei Monate nach der Eingemeindung von Marienborn nach Mainz, wird der neue Stadtteil mit der damaligen Linie 13 ans Netz der Stadt angebunden.

Die Eisenbahn bringt die Moderne in den Ort, übrigens auch andere Typen von Gebäuden. Da kommen zum bäuerlichen Baustil einfache, einstöckige Arbeiterhäuser hinzu, aber auch stattliche Gebäude wie das Haus der Englischen Fräulein in der heutigen Gottfried-Schwalbach-Straße 33, dessen Geschichte auf dem schönen Blog 365-Tage-marienborn.de zu lesen ist, wie auch manch anderes Interessante und Schöne aus dem Stadtteil.

Die Englischen Fräulein, so der alte Name der seit 1752 in Mainz ansässigen Maria-Ward-Schwestern, erbauen 1903 das Haus in Marienborn als Erholungsheim. Auch andere Orden oder kirchliche Einrichtungen besitzen

Ansichtskarte mit den Gebäuden der Vinzentinerinnen (l.) in der Mercatorstraße) und der Englischen Fräulein (r.) in der heutigen Gottfried-Schwalbach-Straße.

Häuser außerhalb der Stadt in den Dörfern, wo die Luft viel besser ist als in der bisweilen stinkenden Mainzer Altstadt. So gibt es das Priesterheim des Bistums in Drais, während die Vinzentinerinnen 1906 in Marienborn in der Mercatorstraße 16 ein Gebäude errichten, das 2011 vom Orden aufgegeben und danach zugunsten von Wohnbauten abgerissen wird.

Die Maria-Ward-Schwestern betreiben in der Schwalbach-Straße gegenüber der alten Schule von 1945 bis 1957 eine Hauswirtschaftsschule, „bevor das Gebäude und ein Teil der angrenzenden Parkanlage 1960 für 87.500 Mark an die Gemeinde verkauft werden", heißt es bei „365-Tage-marienborn". Die Parkanlage reicht einst bis zur Klein-Winternheimer-Straße, wird dann Schulhof, im Haus wohnen teils auch Lehrer der Grundschule. Später kommt es in Privatbesitz und zeigt sich heute als ein echtes Schmuckstück.

Heute ist das Haus der Englischen Fräulein in der Gottfried-Schwalbach-Straße ein echtes Schmuckstück.

Dominiert über Jahrhunderte die katholische Kirche den Ort, werden gegen Ende des 19. Jahrhunderts mehr und mehr Vereine Träger des dörflichen Lebens: Gesangsverein von 1876, Turnverein 1886, Freiwillige Feuerwehr 1893, um nur einige wenige, allerdings sehr wichtige Institutionen zu nennen.

Gerade die Feuerwehr ist in einem Dorf überlebenswichtig, weil jeder Brand durch die enge, verschachtelte Bauweise, das Ende für den ganzen Ort bedeuten kann. Aber auch, wenn die Zahlenstärke stimmt und 1903 eine Druck- und Saugspritze angeschafft wird, gibt es in Marienborn ein Manko – die mangelhafte Wasserversorgung.

Zum groß gefeierten 40-jährigen Wehr-Jubiläum 1933 wird nach Jahrzehnten des Wassermangels die ersehnte Leitung für den Ort

Der Gasthof Frohnweiler mit seinem großen Saal, der gern von den vielen Vereinen des Orts genutzt wird.

fertig. Aber ausgerechnet den Festzug ereilt ein ungewolltes „Wasser marsch!" von oben, als der Himmel bei einem schweren Gewitter alle Schleusen öffnet und Marienborn in nie gekannter Dimension überflutet. Doch zu viel Wasser scheint es für Feuerwehrleute nicht zu

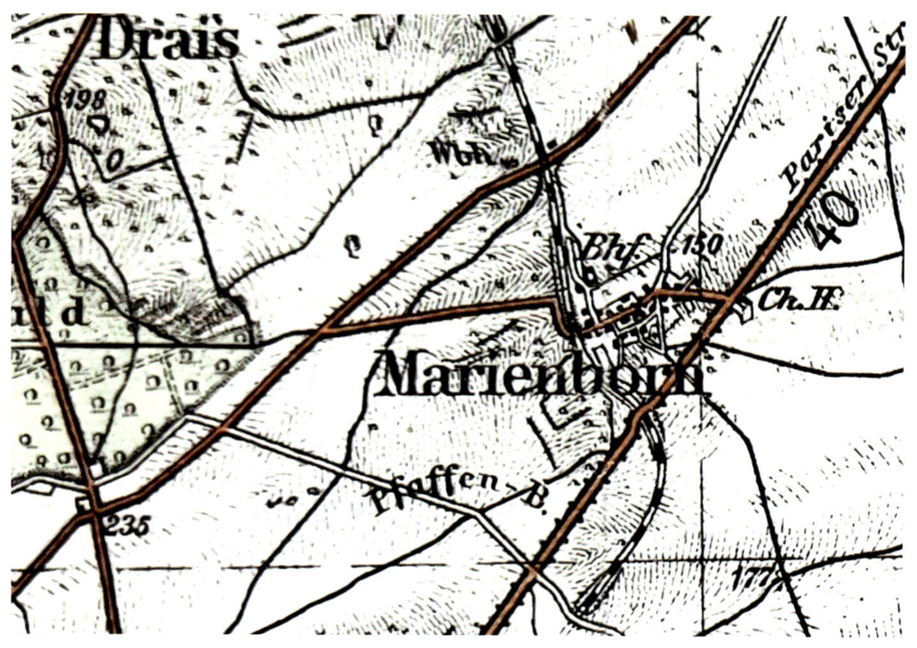

Nochmals eine Karte, nun von 1902 und etwas kleinerem Maßstab, sodass sich die Ortsstruktur besser erkennen lässt. Die Bebauung endet praktisch an der Einmündung der heutigen Straße Am Haidenkeller und an der Gottfried-Schwalbach-Straße.

Mainz brennt. Das Farbfoto nimmt Dr. Mossel in der Nacht des ersten Angriffs auf Mainz im August 1942 vom Chausseehaus auf, bei dem die Marienborner Wehr 33 Stunden im Einsatz stand. Ein ähnliches Bild muss sich Goethe anno 1793 vom Chausseehaus aus vom brennenden Mainz geboten haben.

geben. Zumindest laut einer späteren Festschrift „nahm das Fest noch einen zufriedenstellenden Verlauf".

Dass man ausgerechnet das 40-Jährige groß feiert, liegt daran, dass alle anderen Jubiläen ausfallen: Das Silberjubiläum fällt auf 1918, das 30-Jährige auf das Jahr von Ruhrkampf und Inflation. Da ist die französische Besatzung zwar schon ein Jahr abgezogen, aber die dreijährige Besatzung durch 700 Mann Kolonialtruppen aus Westafrika hat den Ort, der nur unwesentlich mehr Einwohner hat, hart getroffen.

Das dunkelste und traurigste Kapitel wird 1932 eingeleitet, als bei der Reichstagswahl im November in Marienborn die NSDAP die meisten Stimmen erhält. Erstmals liegt man im treukatholischen Ort sogar vor dem Zentrum und bei der entscheidenden Wahl am 5. März 1933 sogar deutlich. Ob sich später, als die Namen der ersten Gefallenen bekannt und es immer mehr werden, jemand daran erinnert, wo er bei jenen Wahlen sein Kreuz gemacht hat? Und sei es auch nur aus Protest gewesen?

1942 bekommt die Marienborner Feuerwehr eine neue Motorspritze für 4500 Reichsmark. Und der erste Einsatz lässt nicht lange auf sich warten: Im August beim verheerenden Doppelangriff der britischen Royal Airforce sind die Marienborner Wehrmänner 33 Stunden lang im Einsatz. Im September 1943 helfen sie in Mannheim und Ludwigshafen, 1944 in Bretzenheim, Weisenau und Hechtsheim. Und immer wieder Mainz. Als die Amerikaner einmarschieren, beschlagnahmen sie die Motorspritze, ansonsten hat Marienborn kaum materielle Schäden durch den Krieg. Aber die Verluste an Menschen sind furchtbar. Tiefe Trauer liegt über dem Ort.

Blick über die Schulstraße hinweg, heute Gottfried-Schwalbach-Straße, in den 60er-Jahren zur Kirche.

263 Marienborn 3

Vom alten Geschäftsleben

Am letzten Juni-Samstag 2024 ist in Marienborn eine Ära zu Ende gegangen. Nach 95 Jahren hat die Metzgerei Peter im Borner Grund 68 für immer ihre Tür geschlossen. Aus Altersgründen, wie Alexander und Andreas Peter sagen, wenn man´s den Zwillingsbrüdern auch nicht ansieht. „Wir werden 66 Jahre alt, haben einen Sechs-Tage-Job, fangen morgens um 4 oder 5 Uhr an und sitzen noch bis abends im Büro. Das geht an die Substanz", erzählen die beiden meiner AZ-Kollegin Petra Jung kurz vor der Schließung. Für die Familie ein emotionaler Schritt und für Marienborn ein weiterer herber Verlust. Bäcker und Lebensmittelläden sind ja schon lange weg.

Im fast geschäftslosen Marienborn gibts noch Zeitungen, Zeitschriften, Lotto, Schreibwaren und die Post in „Reginas Lädchen", dazu einen Bankautomaten. Aber sonst?

Welch ein anderes Bild, wenn man in alten Adressbüchern blättert. So etwa im Amtlichen Einwohner-Adreßbuch für die Landkreise Alzey und Mainz von 1958. Sind die Mainzer Vororte, also die zum Landkreis gehörenden Dörfer wie Laubenheim, Finthen, Drais, Hechtsheim oder Marienborn bis 1945 zumindest teilweise im

Die Gottfried-Schwalbach-Straße. Rechts das alte Schulhaus, das von 1964 bis 1970 als Rathaus genutzt wird.

Anhang des Adressbuchs der Stadt Mainz aufgeführt, ist das nach dem Krieg nicht mehr der Fall. Das macht es schwierig, Entwicklungen bis zur Eingemeindung 1969 nachzuvollziehen. Zum Glück erscheint 1958 das Landkreis-Adressbuch, in dem auch Marienborn vertreten ist und noch ein munteres Geschäftsleben zeigt.

Mit Frohnweiler und Ludwig gibt es zwei Bäckereien, beide in der Hauptstraße, heute Am Borner Grund, dann die Metzgereien Peter und Wolf sowie drei Lebensmittelläden: Sauerzapf, Anton, Hauptstr. 35, Sickinger, August, Hauptstr. 14 und Stenner, Karl, Bretzenheimer Str. 43. Und das bei gerade Mal 1125 Einwohnern, die unter drei Friseuren und vier Gaststätten wählen können. Weiter gibt es eine Leihbücherei, eine Musikalienhandlung und ein Geschäft für Haushalts- und Küchengeräte.

Die Läden dürfen noch Mitte der 1950er in Marienborn bis acht Uhr abends geöffnet sein und sonntags von 17 bis 18 Uhr, eine der damals noch möglichen örtlichen Sonderregelungen. Diese sind in landwirtschaftlichen Gegenden auch darauf ausgerichtet, dass die Bauern und meist deren ganze Familien oft bis abends auf dem Feld sind. 1956 ist mit den Sonderregelungen Schluss, als sich Gewerkschaften, Einzelhandel und Politik auf ein bundesweit einheitliches Ladenschlussgesetz einigen. Wochentags dürfen Geschäfte nun bis 18.30 Uhr, samstags bis 16, ab 1958 nur noch bis 14 Uhr geöffnet haben.

In jenem Jahr hat die Gemeindeverwaltung unter Bürgermeister Karl Stenner noch zwei Beigeordnete, einen Gemeindekassierer und auch einen Gemeindediener, der bis in die 1950er die amtlichen Bekanntmachungen mit der Schelle bekannt gibt. Und mancher Marienborner wird sich auch heute noch an die drei Lehrer des Ortes erinnern: Schulleiterin Elisabeth Roth, Franz Prieß und Hans Schmitt. All diese Infos stehen im 58er-Adressbuch.

Wie überall ist der Neuanfang nach dem Krieg sehr beschwerlich. Zwar hat der Ort im Gegensatz zum benachbarten, schwer getroffenen Bretzenheim kaum Zerstörungen, aber viele Männer und Söhne sind nicht heimgekommen oder sind noch in Gefangenschaft. Menschlich für alle eine furchtbare Belastung, aber für die Bauernfamilien ist es noch schwieriger, wie

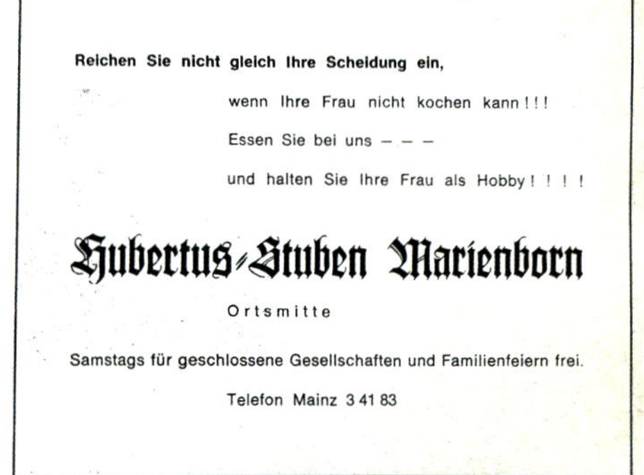

Anzeigen vom Ende der 1960er-Jahre, als Marienborn noch mit Geschäften aller Art versorgt ist. Heute findet sich noch ein Lädchen im Ort.

bereits im Kapitel 255 über Drais geschildert, denn durch die Abwesenheit der Bauern verändern sich die Strukturen auf den Höfen, was dann für Konflikte sorgt.
Es fehlt auch materiell an allem. Erst ist Geld vorhanden, aber man kann nichts dafür kaufen, während mit der Währungsreform alles wieder erhältlich ist, aber die Menschen kaum Geld haben. So wird auch für die bäuerlichen Betriebe der Neuanfang schwer, weil die oft in Jahre gekommene Gerätschaft zunächst nur schwer ersetzt werden kann.
Zwei Monate nach der Währungsreform, zu Mariä Himmelfahrt 1948, dürfen sich die Marienborner aber freuen. Denn nach Ersatz der zerstörten Fenster und der Reparatur des durch Artilleriebeschuss beschädigten Dachs, erhält die Wallfahrtskirche nun ihre drei neuen Glocken. Sie werden von der Firma Hamm in Frankenthal gegossen und in einer festlichen Prozession eingeholt.
Der Ort selbst verändert sich in den nächsten Jahren wenig. Erst 1955 entschließt man sich zu einer Ortserweiterung, allerdings eher noch vorsichtig von der Klein-Winternheimer-Straße bis zur Turnhalle und an der damaligen Mainzer Straße entlang, heute Am Haidenkeller. Kanalisation, Schulneubau und die Erweiterung des Friedhofs sind weitere Projekte, als Marienborn in die 1960er-Jahre eintritt.

Längst hat im Ort der Wandel um sich gegriffen, längst ist man nicht mehr reines Bauerndorf. Hunderte Pendler arbeiten vor allem in Mainz, ob als Arbeiter, Angestellte oder Beamte, und auch weiter weg, wie etwa bei Opel in Rüsselsheim. Und mit jeder baulichen Erweiterung des Ortes schreitet der Wandel voran.
Wer heute durch Marienborn schlendert, kann die Jahresringe der Entwicklung an den Straßen ablesen, an der Bauform der Häuser, an den Sünden der raschen Erweiterung. Da sind die typischen 60er-Jahre-Einfamilienhäuser zum Beispiel in den Straßen An der Kirschhecke, Altkönig- und Pfarrer-Dorn-Straße oder Hinter den Wiesen. Und dann der Sonnige Hang, errichtet Anfang der 1970er am Kleeblatt des Autobahnkreuz´ Mainz. Damals übrigens gar kein so seltenes Vorgehen, große Wohneinheiten an Autobahnen zu errichten, dafür gibt es Beispiele in vielen Großstädten. In Mainz auch, allerdings hat man an der Römerquelle in Finthen deutlich mehr Abstand zur Autobahn gewahrt.
Mit der Selbstständigkeit ist es 1969 vorbei, als am 8. Juni exakt 1640 Marienborner zu Mainzern werden. Freiwillig ist das nicht geschehen, als nach der Mitte der 60er die Pläne der Landesregierung über eine große Gebietsreform in Rheinland-Pfalz laut werden, ist die Begeisterung zuallermeist bescheiden. Auch die Marienborner fürchten, von Mainz dominiert zu werden. Allerdings ist der Widerstand gegen die Gebietsreform, verglichen mit Regionen wie der Mosel, sehr moderat. Und schlussendlich fügt man sich.
Dass mit den Eingemeindungen zahlreiche Straßennamen im neuen, großen Stadtgebiet doppelt oder dreifach vorhanden sind, führt vor allem für die neu eingemeindeten Stadtteile zu Konsequenzen. Denn bereits seit Mitte der 60er fordert die Deutsche Bundespost, dass es keine Mehrfachnutzungen von Straßen mehr geben darf. Das hat bereits zu Umbenennungen in Mainz geführt, und es werden noch mehr, als 1969 die neuen Stadtteile hinzukommen. Aus der Marienborner Goethestraße wird Hinter den Wiesen, aus der Taunusstraße die Pfarrer-Dorn-Straße, aus der Schillerstraße die Ruhestraße und andere mehr. Bei der Hauptstraße, die es auch in Mombach und Gonsenheim gibt, setzt sich der Industriestadtteil durch. In Marienborn wird daraus Am Borner Grund.

Ende der 50er gibt es eine erste vorsichtige Ortserweiterung in Richtung Süden. Dies müsste die Straße An der Kirschhecke sein, im Hintergrund der Schulneubau.

Die Eingemeindung hat Vorteile: von der Buslinie 13, die umgehend nach Marienborn verlängert wird, über Verbesserung der Infrastruktur bis zum Anschluss des Orts an die Straßenbahn 2015.

Zu Mariä Himmelfahrt 1948 werden die neuen Glocken nach Marienborn gebracht und hier mit einem Festumzug eingeholt. Gegossen werden sie in Frankenthal.

Stadtplan von Marienborn kurz nach der Eingemeindung um 1970. Die Linie 13 fährt schon, aber die Straßen sind noch nicht umbenannt. Nur wenige Straßen werden ihren Namen behalten.

Doch als längst Gras über die Eingemeindung gewachsen zu sein scheint, kommt es fast 50 Jahre später noch einmal zum Streit über den 1969 von Bürgermeister Anton Krost und OB Jockel Fuchs unterzeichneten Auseinandersetzungs-, also Eingemeindungsvertrag. Denn als der Stadtrat Mainz beschließt, einige Marienborner Straßen im Gewerbegebiet gebührenpflichtig durch den Entsorgungsbetrieb reinigen zu lassen, sieht sich Marienborn in den einst zugesicherten Rechten verletzt und klagt 2018.

Man begründet dies mit § 17 des Eingemeindungsvertrags, nach dem die Anwohner weiter die Straßenreinigung selbst vornehmen. Die Klage scheitert aber vorm Verwaltungsgericht, weil der besagte Passus durch die Neufassung der Mainzer Straßenreinigungssatzung in den 70ern an Rechtswirksamkeit verloren habe. Marienborn fügt sich, aber ein Jahr später hört man bei der Veranstaltung zu 50 Jahre Eingemeindung immer noch Grummeln …

Dass Marienborn peu à peu sein Geschäftsleben verliert, ist aber nicht der Eingemeindung

Nachdem die Buslinie 13 gleich nach der Eingemeindung bis Marienborn verlängert wird, kommt noch die 14 als Verstärkerlinie hinzu. Hier ein 1963 gebauter Büssing/Gaubschat-Gelenkbus nach Marienborn um 1976/77 am Bahnhof, im Hintergrund sind die Bonifazius-Türme noch im Bau.

In Marienborn gibt es in den 1970ern sogar einen Fastnachtsumzug, aber nur ein einziges Mal, weil „die große Mehrheit der am närrischen Geschehen Interessierten selbst an diesem Zug beteiligt" gewesen seien, wie es heißt.

Die Zwillinge Andreas und Alexander Peter, hier mit Marion Peter, schließen Ende Juni ihre Metzgerei und damit die letzte in Marienborn. Schon im zarten Alter von sechs Jahren helfen die beiden – hier Alexander links, Andreas rechts – beim Etikettieren der Wurstdosen mit. Später übernehmen sie das 1929 gegründete Unternehmen (früher Bretzenheimer Straße 4, später Im Borner Grund 68), das 1968 das damals größte Schaufenster Marienborns erhält.

geschuldet, sondern der Veränderung des Einkaufsverhaltens generell. Noch 1973 gibt es laut Adressbuch in Marienborn zwei Bäcker, zwei Metzger und zwei Lebensmittelläden, aber als Ende der 70er jenseits der Autobahn das Einkaufszentrum von Carrefour entsteht (später Massa, Real, heute Neukauf), gehen auch viele Marienborner dort einkaufen. Zudem erledigen viele Pendler ihre Käufe in der Nähe ihrer Arbeitsplätze oder auf dem Weg zum Job.

Was bleibt, ist bis Juni 2024 die Metzgerei Peter, weil Qualität durch nichts zu ersetzen ist. Nun hat sie geschlossen. Schade. Sie wird fehlen.

Oberhalb Marienborn siedeln sich ab den 80ern einige Firmen an, erst Schott, Sat1 und die VRM.

264 Marienborn 4

Als Schott ins Pferkelheim sollte

Welches Unternehmen will schon „Im Pferkelheim" residieren? Eine Adresse, die bei nicht ganz so deutlicher Aussprache nach Ferkel klingt und ungewollte Assoziationen auslöst. Also wenig verwunderlich, dass der Technologiekonzern Schott diese Geschäftsadresse Ende der 1980er für sein neues Glasforschungszentrum ablehnt. Und um ein Haar wäre das ganze Bauvorhaben auf der Anhöhe über Marienborn daran gescheitert, denn der Ortsbeirat beharrt damals auf dem Vorschlagsrecht für Straßennamen, der sich am alten Flurnamen orientieren soll. Schließlich entscheidet die Stadt: Das Forschungszentrum entsteht an der Otto-Schott-Straße.

Mit dem Neubau und folgenden weiteren Ansiedlungen an der höchsten Stelle von Marienborn beginnt eine neue Entwicklungsepoche, die sich aber weit vorm alten Ort abspielt und auf ihn wenig Einfluss nimmt. Auch nicht negativ, denn der Verkehr wird über die Essenheimer Straße Richtung Autobahn abgeleitet. Die Auswirkungen sind jedenfalls nicht im Entferntesten mit jenen der Ortserweiterung Anfang der 1970er am Sonnigen Hang zu vergleichen. Diese Erweiterung geschieht in einer Zeit, als

Ab den 1960ern wächst Marienborn rasch. Vor allem typische Einfamilienhäuser kommen dazu, aber auch Hochhäuser und Blocks am Sonnigen Hang (oben rechts).

auch die Mainzer Stadtplaner glauben, mit Hochhausvierteln, teils in Kombination mit großen Blocks die explodierenden Einwohnerzahlen in den Griff zu bekommen. Ab den 1960ern entstehen in Mainz in der Berliner Siedlung, am Bretzenheimer Südring, am Mombacher Westring, auf dem Lerchenberg, am Gonsenheimer Wildpark und an der Römerquelle in Finthen Hochhäuser inmitten von Mietwohnungsblocks und Einfamilienhäusern, doch besonders im kleinen Marienborn wirkt dies unmaßstäblich. Und dies nicht allein in baulicher Hinsicht.
Denn bei gerade mal 1700 Alt-Marienbornern anno 1970 wirkt der Zuzug mehrerer Hundert Neubürger durchaus auf die Sozialstruktur. Vielleicht wird deswegen 1973 ein Baustopp verfügt, der weitere 390 Wohnungen quasi in letzter Minute verhindert.

Am 1. September 1989 eröffnet Schott sein Forschungszentrum oberhalb von Marienborn. Hier hebt ein Riga Kran den Schriftzug aufs Dach.

Das ehemalige, 1990 eröffnete Gebäude von Sat1 wird heute von 3sat und ZDF neo genutzt.

Dass sich zum Ende der 1980er mehrere Unternehmen oberhalb Marienborn ansiedeln, nimmt keinen Einfluss auf die Identität des Orts. Dennoch reagiert mancher Marienborner fuchsig, wenn die Firmen fälschlicherweise dem Lerchenberg zugerechnet werden. Als das sogar in der AZ passiert, meldet sich Alt-Ortsvorsteher Bernd Noll (1994-2014) klarstellend zu Wort. Recht hat er.

Warum es zu dieser falschen Verortung kommt, liegt auf der Hand, denn das ZDF liegt auf dem Lerchenberg, und die räumliche Nähe lädt manchen zur irrigen Annahme ein, dass auch jenseits der Essenheimer Straße Lerchenberger

Profi-Boxerin Regina Halmich (M.) zu Gast in Marienborn bei der SAT1-Show „Weck Up" mit Barbara Schöneberger und Matthias Opdenhövel.

Gebiet sei. Zumal das Ganze auch noch den Spitznamen „Medienhügel" trägt, nachdem sich auf Marienborner Seite SAT 1, die VRM, ZDF Enterprises und TV Skyline ansiedeln, heute auch noch ZDF neo und 3sat dort ihren Sitz haben.
Den Anfang macht Schott, als der Konzern am 1. September 1989 seitlich des Marienborner Bergwegs „Europas modernste Glasforschungsstätte" eröffnet. Die Laborgebäude im Mainzer Werk an der Hattenbergstraße modernen Erfordernissen anzupassen, wäre teuer gekommen, auf jeden Fall teurer als der Bau des Otto-Schott-Forschungszentrums. Und als der Konzern Einweihung feiert, steht auf dem Nachbarareal Richtung Essenheimer Straße SAT 1 vor der Grundsteinlegung.
Der Sender ist am 1. Januar 1984 unter dem Namen „Programmgesellschaft für Kabel- und Satellitenrundfunk (PKS)" als erstes Privatfernsehen der Republik in einem Ludwigshafener Studiokeller auf Sendung gegangen. Die ersten Worte spricht Jürgen Doetz, bis 2004 SAT.1-Geschäftsführer, der Ende der 1980er den Umzug nach Mainz in die Wege leitet.
Am 12. September 1990 geht die Sendezentrale in Marienborn auf Sendung, doch bereits 1999 wechselt man nach Berlin, später nach München. Allerdings wird weiter das Regionalfenster „17.30 live" hier produziert. In den Gebäuden des Privatfernsehens residieren heute ZDFneo und 3sat.
Auch die VRM beschließt Anfang der 90er-Jahre den Umzug auf den Medienhügel. „Wir haben die Große Bleiche mit etwas Wehmut verlassen", sagt Karlheinz Röthemeier, damals Sprecher der Geschäftsführung der Verlagsgruppe Rhein Main (VRM), beim Umzug, „aber dieser Platz war mit vertretbaren Mitteln betriebswirtschaftlich nicht zu halten." Die AZ belegt praktisch das komplette Karree zwischen Großer Bleiche und Margarethengasse, Löwenhof- und Klarastraße mit einem Konglomerat aus Vorkriegsresten, Nachkriegsprovisorien und einem Verlagshaus der 60er. Eine riesige Fläche, aber nicht mehr adäquat nutzbar für ein Medienhaus an der Schwelle zur digitalen Revolution.

Seit 1996 ist die VRM in Marienborn ansässig, rechts der damalige Sprecher der Geschäftsführung, Karlheinz Röthemeier (r.), bei der Grundsteinlegung.

Die VRM zieht bei der Quartiersuche den Radius weit, und dennoch sind die Möglichkeiten nicht reich gesät. „Als wir jedoch das Grundstück in Mainz-Marienborn besichtigten, fiel die Entscheidung sehr schnell", so Röthemeier damals. Und als Namensgeber für die Adresse dient – wie bei Schott – eine wichtige Person der Unternehmensgeschichte: Erich Dombrowski, der legendäre erste Nachkriegschefredakteur der Allgemeinen Zeitung. 1996 wird umgezogen. Nach Marienborn.
Der konkav geschwungene Körper des Frontbaus erinnert an einladend ausgebreitete Arme, während die rückseitig angesetzten Seitenflügel einen fast intimen Gartenhof entstehen lassen, der gern auch für Veranstaltungen wie den Sommerabend der Wirtschaft genutzt wird. Ein Gebäude von schöner Gestalt und zeitloser Eleganz, in seinen Grundfesten ruhend, das nicht ahnen lässt, welch gewaltiger Transformationsprozess in diesen Jahren in seinem Inneren abläuft.
Der Blick von hier geht weit übers Land: nach Rheinhessen, bis in den Rheingau, hinunter nach Mainz, rüber nach Wiesbaden und an manchen Tagen bis zur Frankfurter Skyline. Ein beruhigender Ausblick an hektischen Tagen.
Hinauf führt nicht nur die Essenheimer Straße,

Das schön zu den Seiten ausschwingende Verlagsgebäude der VRM in Marienborn, dessen angesetzte Seitenflügel einen grünen Innenhof bilden. Links die Mainzelbahn-Trasse, die über 40 Jahre freigehalten worden ist.

Am frühen Morgen des 28. November 2016, kurz nach halb vier Uhr, erreicht erstmals eine Straßenbahn die Haltestelle an der VRM.

sondern auch der alleeartige Bergweg, dem die Straßenbahn von Marienborn her folgt. Sie erreicht am frühen Morgen des 28. November 2016, kurz nach halb vier Uhr erstmals die Haltestelle an der VRM.

Die Straßenbahn bindet endlich auch den nördlichen Ortsteil von Marienborn komfortabel an den öffentlichen Personennahverkehr an, eröffnet vielleicht noch weitere Möglichkeiten. So wie Marienborn auch im alten Ortskern nach neuen Optionen gesucht hat, als man 2013 den Antrag stellt, die Denkmalzone Ortskern aufzuheben.

Grund für diesen ungewöhnlichen Schritt sind die denkmalgeschützten, aber nicht mehr komplett vorhandenen Gebäude Im Borner Grund 30 und 34, die lange in beklagenswertem Zustand sind, aber wegen des Denkmalschutzes nicht beseitigt werden können. Dabei ist das Haus Nummer 30 mit seinem massiven Erdge-

2012 geben die Vinzentinerinnen nach über 100 Jahren ihr Haus in der Mercatorstraße 16 auf. 42 Jahre lang hat Schwester Rosa dort gelebt. Der Abschied fällt ihr schwer. Und auch die Marienborner sehen die Schwestern nicht gerne ziehen.

schoss, Fachwerkobergeschoss und Satteldach durchaus ein Blickpunkt im Straßenbild, wie die Denkmaltopographie 1997 betont, aber eben auch den „schlechten baulichen Zustand" beklagt. Und der ist 16 Jahre später noch schlimmer, das Haus werde „als Schandfleck wahrgenommen", so der Ortsbeirat 2013.

Dieser Einschätzung folgt 2016 auch die Generaldirektion kulturelles Erbe, die den „historischen Zeugniswert der Denkmalzone im wesentlichen Maße als gemindert" ansieht und die Einstufung als Kulturdenkmal aufhebt. So fällt alsbald die Nr. 30, aber auch die Nr. 34 vom Ende des 17. Jahrhunderts, das vermutlich älteste Wohnhaus von Marienborn.

Und noch ein Gebäude verschwindet: das alte Vinzentinnerinnen-Haus in der Mercatorstraße 16 (siehe auch Kapitel 261, Marienborn 1). Ab dem Jahr 1904 erbaut, wird es seit 1906 von 36 Schwestern bewohnt, doch 2012 löst der Orden seine Marienborner Niederlassung auf. Das Gebäude soll nicht mehr sanierbar gewesen sein und wird abgerissen. Ein schönes Gebäude. Ein Stück Marienborner Geschichte.

Michael Bermeitinger

Der Autor dieses Buches wurde 1960 in Lörrach/Baden geboren, wuchs in Bonn auf und lebt seit 1974 in Mainz. Seit 1988 Redakteur der Allgemeinen Zeitung, ist er ab 2012 in der Lokalredaktion Mainz tätig, für die Bermeitinger unter anderem über die jüngere Geschichte der Stadt Mainz schreibt. Themen sind hierbei nicht die großen historischen Linien, sondern der Alltag der Menschen, die städtebauliche, architektonische und verkehrliche Entwicklung der Stadt. Im Magazin „Unsere Geschichte" der VRM beleuchtete er in einzelnen Ausgaben unter anderem die 1930er, 1950er, 1960er und 1970er Jahre in Mainz. – In den letzten Jahren hat Bermeitinger eine umfangreiche Sammlung Tausender alter Fotos und Ansichtskarten aufgebaut, die ergänzt wird durch Dokumente, die von Kofferaufklebern, Firmenbriefen und Speisekarten über Straßenbahnfahrpläne, alte Werbung und Lebensmittelkarten bis hin zu Fahrkarten und Fastnachtsprogrammen reicht. Quelle sind in aller Regel Internetauktionshäuser wie Ebay, aber auch der Johannis-Büchermarkt oder die Bücherstände beim Zitadellenfest. Die Idee zu den STADTSPAZIERGÄNGEN *ist über Jahre gewachsen. Der Gedanke dabei war, dass Geschichte und Geschichten nicht immer nur ereignisbezogen zu Jahrestagen erzählt werden sollten, sondern aus der Perspektive des Alltags und der Stadtviertel. Was lag also näher, als Straße für Straße durch die Stadt zu spazieren und von all den großen und kleinen Ereignisse zu erzählen, von den besten Zeiten wie auch den dunklen Jahren. Mainz kann so schön sein, aber es hat auch Ecken, die wie eine einzige Narbe wirken. Zu verstehen, warum das so ist, dabei sollen die Stadtspaziergänge helfen, die seit September 2018 mit kurzen Unterbrechungen immer montags erscheinen.*

Im November 2023 wird der Autor gleich zwei Mal für die „Stadtspaziergänge" ausgezeichnet. Mit dem „Mainzer Medienpreis" und mit dem „Deutschen Preis für Denkmalschutz - Medienpreis" des Deutschen Nationalkomitees für Denkmalschutz.

Literatur (allgemein):

Balzer, Wolfgang: Eine Stadt und ihr Militär, 25 Bde. Dumont/Schütz/Scherf: Mainz. Die Geschichte der Stadt, Mainz 1998
Heuser, Rita: Namen der Mainzer Straßen und Örtlichkeiten, Stuttgart 2008
Leiwig, Heinz: Mainz 1933-1948, Mainz 1987
Leiwig, Heinz: Bomben auf Mainz, Mainz 1995
Neise, Harald: Mainz und seine Straßenbahn, Stuttgart/Mainz 1983
Dieter: Kulturdenkmäler in Rheinland-Pfalz, Band 2.3: Mainz Vororte
Adressbücher: diverse Jahrgänge seit 1800
Reiseführer Baedeker, Woerl, Grieben, verschiedene Jahrgänge

Finthen

König, Prof. Dr. Benno: Finthen - Geschichte und Geschichten, Finthen 2017
Schütz, Friedrich: 900 Jahre Finthen, Mainz 1992
Ries, Karl: Das alte Finthen - ein Dorfbild, Mainz 1982
Ries, Karl: Finthen - ein Blick zurück, Mainz 1983
Finther Zeitspiegel, Magazin des Heimat- und Geschichtsverein Finthen, diverse Jahrgänge
Festschrift 125 Jahre Freiwillige Feuerwehr Mainz-Finthen, 1996

Drais

Rudel, Walter G. (Hrsg.): 850 Jahre Drais 1149-1999; Mainz 1998
Lehr, Helmut: Bilder aus dem alten Drais, Drais 2009
Festbuch - 125 Jahre Freiwillige Feuerwehr Drais, Mainz 2008
Festschrift 100 Jahre Freiwillige Feuerwehr Mainz-Drais, Drais 1983
Festschrift 100 Jahre Turn- und Sportgemeinde Drais 1876, Drais 1976
Maria-Königin Mainz-Drais, Drais 1987
Schule in Drais 1861 bis 2011, Arbeitskreis Draiser Geschichte 2012
Draiser Kirchen und Kapellen, Arbeitskreis Draiser Geschichte 2014

Lerchenberg

Eicheler, Dr. Ulrich: Chronik Mainz-Lerchenberg 1961-1976, Mainz 1976
Eicheler, Dr. Ulrich: Chronik Mainz-Lerchenberg 1976-1986, Mainz 1987
Eicheler, Dr. Ulrich: Chronik Mainz-Lerchenberg 1987-1996, Mainz 1997
Schütz, Friedrich: 30 Jahre Mainz-Lerchenberg, Mainz 1997
Festschrift 50 Jahre Lerchenberg, Mainz 2017

Marienborn

Hofmann, Philipp: 1000 Jahre Marienborn, Horb 1994
Hofmann, Philipp: Mainz-Marienborn vorgestern - gestern und heute, Horb 1985
Marienborn und seine 1000-jährige Geschichte, Marienborn 1995
Festschrift 900-Jahrfeier Marienborn und 200. Jahrestag der Kirchweihe, Marienborn 1960
Festschrift 75 Jahre Freiwillige Feuerwehr Marienborn, Marienborn 1968

Periodika:

Mainzer Anzeiger / Allgemeine Zeitung, verschiedene Jahrgänge
Mainz Vierteljahreshefte für Kultur, Politik, Wirtschaft, Geschichte ab 1981
Das neue Mainz, Städtisches Presseamt: 1953-1973
Mainz-Magazin: 1974-1975
Unsere Geschichte, Hefte 1-6, VRM, Mainz 2015-2018
Die Elektrisch, diverse Jahrgänge